Collection
PROFIL
dirigée par Georges Décote

Série
NOTIONS PHILOSOPHIQUES
sous la direction de Laurence Hansen-Løve

Le désir

Textes expliqués
Sujets analysés
Glossaire

FABIEN LAMOUCHE
ancien élève de l'E.N.S. de Fontenay/Saint-Cloud
agrégé de philosophie

HATIER

Mise en page : Corinne Pradier

© HATIER, PARIS, NOVEMBRE 1999 ISSN 0981-8170 ISBN 2-218-**72587-8**

SOMMAIRE

---

* Les astérisques renvoient au glossaire, pp. 78-80.

Introduction

LE DÉSIR ET LE SAVOIR

Le désir se présente d'abord à nous simplement comme une expérience : il est éprouvé avant d'être pensé. Mais ce sentiment, qui peut également être pensé, nous invite à conférer une valeur, voire un *sens*, au monde qui nous entoure. Quand nous désirons, notre horizon de pensée et surtout d'action semble, en effet, se limiter à ce qui, pour nous, est désirable. Par le désir nous sommes orientés vers des *buts*, attirés par des *objets*, mis en mouvement par des *attentes*.

La difficulté que rencontre la philosophie lorsqu'elle s'interroge sur le désir, c'est qu'elle doit bien remettre en cause la validité de ces buts, la valeur de ces objets et la légitimité de ces attentes. Autrement dit, elle doit marquer une *distance* par rapport à ce que le désir veut précisément atteindre. Ceci est d'autant plus problématique que, dans le moment où nous désirons, nous ne questionnons pas notre désir comme tel, mais nous préférons calculer, prévoir ou espérer les moyens qui nous permettront de le satisfaire : nous sommes tout entiers à notre désir, c'est-à-dire dénués de capacité *critique* par rapport à lui.

Le désir semble nous engager bien plus que tout autre sentiment ou que toute connaissance objective, cet engagement le rendant apparemment inaccessible au savoir rationnel. Le premier mouvement de la connaissance consiste alors à *relativiser* l'objet du désir pour tenter de comprendre ce qui nous fixe à lui, parfois jusqu'à l'obsession. La philosophie fonctionne ainsi comme un « désenchantement » du désir, et si son exercice est aussi difficile, c'est que le sujet désirant n'est pas prêt à remettre en cause la valeur de ce qu'il recherche.

Pourquoi cela ? Parce que le désir est – paradoxalement – moins attaché à sa satisfaction qu'à la valeur de son objet. Ce que nous désirons obtenir, nous le désirons d'abord selon l'importance que nous accordons à l'objet désiré. Mais, plus profondément, nous désirons *désirer* comme nous « aimons aimer » (saint Augustin, *Confessions*). Le désir semblant se perpétuer lui-même indéfiniment, ni l'objet ni la satisfaction ne suffisent donc à expliquer sa structure, c'est-à-dire la manière dont il naît, s'organise et met en relation un sujet et un objet. Il faut alors s'interroger sur la véritable *fin* du désir (chapitre 1), à la fois au sens de son aboutissement et de sa finalité : le désir se définit à travers une finalité, une temporalité et une structure en rapport avec l'altérité.

Le désir peut nous priver de notre capacité critique : cet état est appelé *aliénation**. L'aliénation désigne la situation où un sujet se trouve en dehors de lui-même, perdu dans l'extériorité. Et si le désir peut être considéré comme aliénant, c'est précisément parce qu'il nous « branche » ou nous « connecte » sur l'extérieur en nous mettant en rapport avec des choses ou des êtres désirés. Aliénés, nous regardons le monde à travers le prisme de nos désirs, et non selon notre conscience intérieure. Cette perte de soi-même provoquée par le désir invite à s'interroger sur le *sujet* du désir (chapitre 2) : qui désire ? Le désir n'est-il qu'un tyran pour celui qui l'éprouve ? Peut-on, et doit-on, se libérer de lui ?

Le monde, en effet, est nécessairement *valorisé* par nos désirs. Nous ne rencontrons pas les choses qui nous entourent de manière neutre, sans leur assigner une signification liée à nos attentes subjectives. Le désir produit donc bien un type de *savoir* sur ce qui nous environne et ce savoir se caractérise par la valeur que nous conférons aux objets désirés. C'est cet aspect qui rend le désir indissociable d'une forme d'*illusion* : comme l'a montré Spinoza (1632-1677), nous ne désirons aucune chose parce que nous la jugeons bonne ; mais au contraire, « nous jugeons qu'une chose est bonne parce que nous faisons effort vers elle, que nous la voulons et tendons vers elle par appétit ou désir[1] ». Autrement dit, tout désir implique un jugement et donc la possibilité d'une fausse interprétation.

Plus généralement, nous désirons les choses *avant que* de les connaître ; pire encore, nous prétendons les connaître *parce que* nous les désirons. L'illusion du désir ne fait ici que reprendre, en l'aggravant, l'illusion propre au sensible. Par le désir nous « voyons » ou « sentons » les choses d'une certaine manière, et cette vision ou cette sensation prétend détenir la vérité sur son objet. Or, l'illusion représente un obstacle plus grand pour la raison que la simple *erreur*, précisément parce qu'elle se fonde sur un désir. Une démonstration rigoureuse suffit à corriger une erreur et se tromper n'est pas se perdre soi-même. En revanche, renoncer à une illusion c'est renoncer à soi, à ce que l'on a voulu croire et qui a accompagné chacune de nos espérances.

LE DÉSIR ET SA FIN

Le paradoxe du désir semble rendre improbable la découverte de son essence : le désir ne désire que sa propre fin, sa mort comme désir. Tel est le sens du rapport traditionnel établi entre *désir et plaisir* : le plaisir marque l'accomplissement du désir, mais aussi son terme. Par l'obtention de l'objet, la satisfaction annule le mouvement du désir, qui se nourrit des images qu'il projette sur l'objet désiré.

Le moment de la *satisfaction* est donc aussi le moment de *vérité* : le sujet prend conscience de la réalité de la chose qu'il voulait posséder. Par là, il se rend compte si, véritablement, cela « valait la peine ». Car le désir est indissociable d'une *souffrance*. Toute l'énergie d'un individu est tendue vers un seul but auquel il subordonne tous les autres. Ainsi le sujet désirant devient-il un formidable « lecteur de signes » : il organise son expérience selon deux directions, ce qui est favorable à son désir et ce qui lui est nuisible. Tout le reste – à savoir, néanmoins,

---

1. *Éthique*, III, prop. 9, scolie, Éd. Gallimard, coll. « Folio », p. 191.

l'essentiel de ce qui lui arrive – lui est indifférent. Encourageant ce qui favorise son désir et combattant ce qui lui résiste, sa conduite est entièrement déterminée par un seul objectif.

Dans ce cadre « existentiel », le moment de la satisfaction est d'abord un moment d'arrêt. Le désir s'achève dans la possession de l'objet. Mais pourquoi celle-ci coïncide-t-elle si souvent avec une *déception* ? Est-ce parce que la chose désirée s'avère toujours moins attrayante que ne le supposait le sujet désirant ? Ou n'est-ce pas plutôt que le principal but du désir n'est pas la satisfaction, mais la continuation du désir ?

Dans cette seconde hypothèse, le paradoxe du désir se transforme en véritable *contradiction*. Le désir ne se fonde pas sur l'espoir d'être satisfait, mais sur celui de se perpétuer indéfiniment. C'est le sens de l'image platonicienne du « tonneau des Danaïdes » (*Gorgias*), qu'on s'efforce de remplir alors qu'il est percé. L'une des caractéristiques du désir est, en effet, d'osciller sans cesse entre divers objets. Il se contredit car il ne sait pas ce qu'il veut, se portant toujours vers de nouveaux objets. Ainsi, chaque satisfaction se trouve annulée par l'émergence d'un nouveau désir, tout comme chaque quantité d'eau versée dans le tonneau percé échoue à le remplir. Le désir doit être compris comme un effort, un mouvement qui ne cesse qu'à la mort et qui institue dans la nature humaine une *dynamique* décisive (chapitre 3).

Il apparaît que l'objet désiré n'est pas la cause du désir, mais sa simple *occasion*. Toutefois, cette description platonicienne concerne seulement le désir sensible ou charnel. En effet, le désir sensible reproduit l'instabilité de son objet : de même que les choses sensibles sont en perpétuel mouvement ou devenir, de même ce qui nous porte à les désirer suit ces oscillations. Ainsi, désirer une personne en vertu de sa seule beauté charnelle, c'est se condamner à ne plus la désirer dès lors que, sous le poids des années, cette beauté s'estompe. Le désir sensible avoue donc sa dépendance par rapport au *temps*, il ne résiste pas aux évolutions.

Or, de cette contradiction du désir charnel peut naître le désir authentique pour la *vérité* qui définit la philosophie.

Pour éviter les fluctuations du désir, il suffit de découvrir un objet qui ne soit plus assujetti à un tel devenir. Or, cet objet ne peut être que la vérité elle-même qui est, par définition, intemporelle, éternelle et unique. Le philosophe, qui ne désire que la vérité, échappe donc à la malédiction du désir : il ne désire qu'une seule chose, en tous temps.

Ce dernier aspect, qui fait de la philosophie elle-même une forme de désir, montre bien l'impossibilité où nous sommes de nier totalement ce qui chez l'homme relève de l'*affectivité*. Même en renonçant aux illusions sensibles, le philosophe reste sujet désirant, il est animé du souci de vérité. Nietzsche (1844-1900) décrit ironiquement la philosophie comme un « idéal ascétique* », c'est-à-dire comme une forme de négation de la vie. Mais l'ascète lui-même, qui croit s'être débarrassé des aléas et des pièges du désir, n'a peut-être que changé l'objet de son désir : renonçant à ce monde, il se tourne vers un au-delà plus « sûr ».

C'est que le désir semble jouer un rôle déterminant dans la conduite des *actions* humaines. En dépit des contradictions qui l'habitent, il possède une force singulière, celle de constituer la plupart de nos motifs d'action. Si l'on peut, dans ces conditions, relativiser nos expériences du désir d'un point de vue théorique en montrant pourquoi il est porteur d'illusions, il est plus difficile de réduire son importance *pratique* et *morale*, et il convient de s'interroger sur ses rapports avec les conduites humaines.

LE DÉSIR ET L'ACTION

En quel sens le désir est-il synonyme de servitude ? Il nous met en rapport avec un objet unique et donc *exclusif* de tous les autres. Ainsi, le désir nous accapare, il nous rend indifférents à ce qui ne le concerne pas directement, et surtout il limite notre capacité d'agir : en ce sens, nous sommes *déterminés* par lui, à l'image des objets naturels déterminés par leur cause. Or, le déterminisme s'oppose frontalement à la *liberté*, qui définit précisément la capacité d'un sujet à dépasser la nécessité de ses désirs, à se rendre indifférent à ceux-ci.

De ce premier point de vue, le désir semble inconciliable avec la *morale* puisqu'il nous inscrit dans l'ordre naturel au même titre que les choses. Mais s'il est communément admis que le désir constitue une forme d'esclavage, c'est aussi qu'il nous oppose continuellement à la *réalité*. Cette dernière coïncide rarement avec nos attentes, ce pourquoi nous ne l'acceptons pas comme telle : l'homme désirant est aussi un « homme révolté ». La plus élémentaire des sagesses ne consiste-t-elle pas dans ces conditions, et comme le préconise Descartes (1596-1650), à plutôt « changer mes désirs que l'ordre du monde[2] » ? Il ne s'agit pas de s'attaquer à la réalité et à la résistance qu'elle oppose à nos désirs, à notre idéal de bonheur, mais plutôt d'accepter les choses telles qu'elles sont, sans prétendre les transformer radicalement.

C'est donc faire preuve de prudence que de ne pas s'abandonner à des désirs irréalisables : la recherche inconsidérée du plaisir est tout l'inverse de la quête du *bonheur*, qui doit être réfléchie. Le désir n'est pas le meilleur allié du bonheur, puisque la raison doit le modérer en relativisant nos espérances les plus vaines. Le désir n'est esclavage que lorsqu'il n'accepte pas d'être confronté à la réalité des faits : céder à chacune de nos tentations, comme don Juan cède à son besoin de séduction, équivaut à se rendre dépendant de nos chimères.

Mais il semble bien difficile de penser l'action indépendamment du désir qui la motive. Le désir n'est pas seulement *manque* (Platon) ou *besoin* (Freud), il est aussi *énergie*, *mouvement*, *mobile* (Hobbes, Spinoza, Deleuze). Faut-il alors en conclure que nous ne ferions rien que nous ne désirions d'abord ? Ce serait oublier que désirer n'est pas vouloir, et qu'il est possible, comme le montre Kant (1724-1804), d'agir librement, indépendamment de ce qui détermine notre sensibilité. Le désir, après tout, est un principe d'indécision tout autant que d'action : le désir ne sait pas ce qu'il veut puisqu'il dépend de ce qu'il

2. *Discours de la méthode*, III, Éd. Hatier, coll. « Les classiques Hatier de la philosophie », 1999, p. 30.

rencontre. Velléitaire, il ne résiste pas au retard que le réel impose à sa satisfaction, et sombre souvent dans le désespoir en se sacrifiant sans s'accomplir.

À l'inverse, la *volonté libre*, qui n'est rien d'autre que la raison, ne dépend pas des objets qu'elle rencontre, mais elle produit une loi, selon Kant : la loi morale, qui fait de l'autonomie* la liberté véritable, et qui ne dépend pas de nos inclinations sensibles.

On peut donc agir indépendamment de son désir, ce qui ne signifie pas que l'on agisse jamais sans désirer : l'homme est un être de désir, même s'il n'est pas que cela. Le désir est le signe de notre *finitude*, le signe que nous sommes des êtres imparfaits et incomplets (Dieu ne « désire » pas, puisqu'il est tout ce qu'il doit être). Le désir n'est ainsi pas le mal ; c'est bien plutôt la prétention de se débarrasser de lui qui est mauvaise, puisque cette prétention reviendrait à vouloir être Dieu.

Si l'action morale est indépendante du désir (chapitre 4), rien ne se fait pourtant dans le monde sans désir, pourrait-on dire pour paraphraser Hegel. Le désir est ce qui « porte » notre action sans pour autant la définir : nous ne sommes pas libres *contre* nos désirs mais *malgré* eux, non en les combattant mais en n'en faisant pas notre seul instrument de choix.

1 Le sens du désir

S'interroger sur le *sens* du désir, c'est se demander à la fois quelles sont sa signification et son orientation. Le désir doit d'abord être appréhendé d'un point de vue descriptif et fonctionnel : comment ce sentiment est-il éprouvé ? Vers quoi nous fait-il tendre et à quoi peut-il nous servir ? Le désir est-il l'animalité qui parle en nous, ou bien est-il spécifiquement humain ? Mais ces questions ne suffisent pas à clarifier le sens du désir : il faut encore voir comment celui-ci se structure, c'est-à-dire de quelle manière et selon quelle orientation ce sentiment s'établit entre un sujet et un objet. Comment les met-il en rapport ? Ce rapport exclut-il la présence éventuelle d'un tiers susceptible d'orienter le sujet dans son désir ? Le sens du désir ainsi découvert peut mettre au jour sa différence fondamentale avec les autres sentiments.

La finalité du désir

D'un point de vue descriptif, le désir est ressenti par le sujet comme un trouble, un *manque* qui n'est pas sans évoquer une forme de douleur. Aussi la conception antique du désir cherche-t-elle à le caractériser comme l'épreuve de ce manque et à élucider sa fonction de la manière suivante : pour Platon (texte 1), le désir est à comprendre, de même que le *besoin*, comme un mouvement qui nous porte à l'annulation du trouble ressenti.

On a donc affaire à un sentiment de douleur dont la seule positivité tient dans sa finalité : nous faire combler ce manque. L'exemple le plus traditionnel à cet égard est la *soif*. Avoir soif est un sentiment désagréable mais utile, puisqu'il nous incite à boire pour annuler le trouble et assurer la bonne conservation de l'organisme.

Le modèle du besoin est donc intéressant en ce sens qu'il éclaire ce qu'on pourrait appeler le processus du désir : le désir désire sa *fin*, c'est-à-dire sa mort comme désir, assurée par la satisfaction. Ainsi peut-on expliquer le désir avant tout du point de vue de sa *fonction* : associer au trouble ressenti un objet capable d'apaiser ce trouble et de mettre fin au désir. L'efficacité de ce fonctionnement nous incite, avec Descartes (texte 2), à voir dans le désir un mouvement de la nature, de *notre* nature, qui comporte une forme de vérité, puisque ce que le désir nous indique correspond à ce qui peut apaiser le trouble. Cette « efficacité » du désir est ici révélatrice d'un rapport harmonieux entre l'homme et le monde, sous le regard bienveillant du Créateur.

Mais la psychanalyse nous apprend par ailleurs qu'il faut envisager le désir dans le cadre d'un dispositif *pulsionnel* dont il est le centre : la force du désir est telle que, même en l'absence de l'objet qui convient, le trouble peut parvenir à s'apaiser grâce à une satisfaction « hallucinatoire » et « substitutive » : telle est proprement la fonction du rêve, dont Freud (texte 3) montre qu'il est pour cette raison le « gardien du sommeil ».

Désir et humanité

Il faut cependant préciser les limites du modèle du besoin, pour accorder une spécificité au désir. La compréhension du processus du désir engage en effet un paramètre décisif, qui est celui de son inscription dans le *temps*. Certes, la satisfaction d'un besoin s'inscrit elle aussi, comme toute action d'ailleurs, dans le temps. En cela, le désir ne s'émancipe pas encore du modèle du besoin ou de l'instinct.

Mais le propre du désir est d'impliquer dans la conscience qui l'éprouve une forme de *projet*, une téléologie[1], tandis que le besoin et l'instinct s'inscrivent dans l'immédiateté (Alquié, texte 4), c'est-à-dire dans la spontanéité d'une nature qui ne varie pas : ils restent en quelque sorte hors du temps, ou plutôt dans une temporalité *mécanique*, tandis

1. Science ou étude des fins, de la finalité.

que le désir s'inscrit dans une temporalité *finalisée*. L'homme en effet n'a pas de nature définie car il est libre, au contraire de l'animal. Ses besoins eux-mêmes peuvent varier selon la société ou l'époque qui sont les siennes, et il semble difficile de parler chez lui d'instinct au sens fort.

Les caractères du désir montrent donc que l'existence humaine s'inscrit dans un autre type de *finitude* que l'existence animale. Le désir est spécifique à l'homme parce que le rapport au temps et à la capacité de prévoir l'avenir sont l'apanage de l'homme. Or, ce rapport au temps lui-même, éprouvé en contrepartie comme inquiétude devant l'avenir, voire comme angoisse de mort, est constitutif de notre finitude. Le désir comme manque, mais aussi comme projet ou élan vers l'avenir, est le témoin d'une finitude qui n'appartient qu'à l'homme : ni Dieu (le supra-humain), ni les animaux (l'infra-humain) ne sont susceptibles de désirer : ce n'est pas qu'ils ne désirent *rien*, c'est qu'ils ne désirent *pas*.

La structure paradoxale du désir

La spécificité humaine du désir amène celui-ci à être confronté à d'autres désirs qui peuvent le concurrencer. Là où règne l'*instinct*, la pluralité des penchants est en effet exclue : l'instinct exige une chose ou une action précise que l'animal accomplit mécaniquement et efficacement. L'instinct a un objet déterminé, on ne peut que « le suivre ». Le désir en revanche n'a pas d'objet unique déterminé *a priori*, et il peut donc entrer en contradiction avec lui-même si plusieurs désirs s'opposent les uns aux autres. De plus, le désir d'un individu entre en contradiction avec celui des autres, ce qui explique qu'il soit l'occasion de conflits. La lutte entre désirs concurrents peut alors devenir le lieu d'émergence de la *liberté*, ainsi qu'un enjeu de puissance (Hegel, texte 5).

Si l'arbitraire règne dans la sphère du désir, cela tient au fait que ce n'est pas, comme le croyaient les Anciens, l'objet qui donne sa *valeur* au désir. En comprenant le désir comme manque, Platon par exemple détermine la valeur du désir en fonction de la valeur de l'objet (texte 1) : il s'agit alors de connaître, de ressaisir ce qui est le plus éminemment désirable, en l'occurrence la *vérité*. Dans l'Antiquité, la hiérarchie des biens déterminait la hiérarchie des désirs. Cette optique se trouve reprise dans la tradition chrétienne, qui place également l'origine et la valeur de tout désir dans l'*amour* que l'on doit porter à un bien en fonction de sa valeur.

Le renversement moderne consiste à inverser l'ordre de la genèse du désir : c'est l'amour pour l'objet qui découle du désir que nous éprouvons pour lui. Autrement dit, ce n'est pas la valeur de l'objet qui produit l'amour et ensuite le désir ; c'est le désir qui en produisant l'amour nous fait conférer de la valeur à un objet. La valeur de l'objet est *subjective*, elle n'est que la conséquence du désir qu'on lui porte.

Il s'ensuit donc une relativisation de l'importance de l'*objet* dans la structure du désir, qui nous renvoie bien plutôt à la constitution du *sujet*. On peut en effet faire apparaître avec René Girard (texte 6) que l'objet n'est en définitive que la cause accidentelle du désir, et que l'hésitation sur lui tient au caractère non apparent de ce que vise vraiment le désir : cet « obscur objet du désir », c'est moi-même, qui cherche à me constituer comme sujet en pleine possession de moi-même.

Le désir a donc une structure paradoxale, car à supposer qu'il désire sa fin, c'est-à-dire sa suppression comme désir, il ne désire pas son objet. Il conviendra dès lors de nous interroger sur le sujet du désir plutôt que sur sa fonction.

TEXTE 1 Le désir est le manque d'un objet

PLATON (≈ 427-347 AV. J.-C.)

Tout comme l'amour, le désir procède d'un manque : il se manifeste sous la forme d'un trouble qui incite à la possession de l'objet qui fait défaut.

— Essaie donc aussi, reprit Socrate, à propos de l'Amour, de nous dire s'il est l'amour de quelque chose ou de rien.

— Il est certainement l'amour de quelque chose.

— Garde donc dans ta mémoire, dit Socrate, de quoi il est amour, et réponds seulement à ceci : l'Amour désire-t-il ou non l'objet dont il est amour ?

— Il le désire, répondit-il.

— Mais, reprit Socrate, quand il désire et aime, a-t-il ce qu'il désire et aime, ou ne l'a-t-il pas ?

— Vraisemblablement il ne l'a pas, dit Agathon.

— Vois, continua Socrate, si, au lieu de vraisemblablement, il ne faut pas dire nécessairement que celui qui désire désire une chose qui lui manque et ne désire pas ce qui ne lui manque pas. Pour ma part, c'est merveille comme je trouve cela nécessaire, et toi ?

— Moi aussi, dit Agathon.

— Fort bien. Donc un homme qui est grand ne saurait vouloir être grand, ni un homme qui est fort être fort ?

— C'est impossible, d'après ce dont nous sommes convenus.

— En effet, étant ce qu'il est, il ne saurait avoir besoin de le devenir.

— C'est vrai.

— Si en effet, reprit Socrate, […] quelqu'un soutenait qu'étant en bonne santé il désire être en bonne santé, qu'étant riche il désire être riche et qu'il désire les biens mêmes qu'il possède, nous lui répondrions : Toi, l'ami, qui jouis de la richesse, de la santé, de la force, tu veux jouir de ces biens pour l'avenir aussi, puisque dans le moment présent, que tu le veuilles ou non, tu les possèdes. Vois donc, quand tu prétends désirer ce tu as, si tu ne veux pas précisément dire : Je veux posséder aussi dans l'avenir les biens que je possède maintenant. Il en tomberait d'accord, n'est-ce pas ?

— Je le pense comme toi, dit Agathon.

Socrate reprit : N'est-ce pas aimer une chose dont on ne dispose pas encore, et qu'on n'a pas, que de souhaiter pour l'avenir la continuation de la possession présente ?
— Assurément, dit Agathon.
— Cet homme donc, comme tous ceux qui désirent, désire ce qui n'est pas actuel ni présent ; ce qu'on n'a pas, ce qu'on n'est pas, ce dont on manque, voilà les objets du désir et de l'amour.

PLATON, *Le Banquet* (≈ 385 av. J.-C.), 199e-200c, Éd. Flammarion, coll. « G.F. », trad. E. Chambry, 1964, pp. 66-67.

POUR MIEUX COMPRENDRE LE TEXTE

En indiquant que l'objet du désir se révèle être « ce dont on manque » (l. 40), Platon envisage le désir selon le modèle du **besoin** : le désir est un trouble qu'il s'agit d'annuler par la satisfaction, c'est-à-dire la possession d'un objet qui fait défaut.

Socrate commence par établir que le désir est **manque** en vertu de sa définition même, c'est-à-dire de son essence (l. 1-16). Aussi est-ce « nécessairement » (l. 12) qu'il faut dire que nous ne désirons que ce qui nous manque.

Une objection possible consisterait à dire que l'on peut désirer ce qu'on possède déjà (ici : force, santé et richesse) au sens où nous voulons le conserver. Socrate repousse cette objection (l. 17-37), en montrant que cela ne change en rien l'absence qui caractérise toujours l'**objet** du désir : désirer un bien pour l'avenir, qu'on le possède actuellement ou non, c'est toujours désirer quelque chose que l'on ne possède pas. En fait, il n'est possible de désirer pour l'avenir la conservation d'un objet que parce que l'anticipation de sa perte – et donc du manque éventuel – est elle-même possible.

L'objet, quel qu'il soit, ne se fait donc désirer que s'il n'est ni actuel ni présent (l. 38-40) : l'objet du désir ne brille que par son absence. Le désir est donc compris du point de vue de sa **fonction**, qui est de nous inciter à combler un manque.

TEXTE 2 Le désir est un enseignement de la nature

R. DESCARTES (1596-1650)

Descartes s'intéresse à cette fonction du désir qui nous incite à combler un manque, et constate que ce sentiment nous porte efficacement vers ce qui est bon pour nous. Il nous permet de nous orienter immédiatement dans l'existence ; en cela, il peut être considéré comme un « enseignement de la nature ».

Et premièrement il n'y a point de doute que tout ce que la nature m'enseigne contient quelque vérité. Car par la nature, considérée en général, je n'entends maintenant autre chose que Dieu même, ou bien l'ordre et la disposition que Dieu a établie dans les choses créées. Et par ma nature en particulier, je n'entends autre chose que la complexion ou l'assemblage de toutes les choses que Dieu m'a données.

Or il n'y a rien que cette nature m'enseigne plus expressément, ni plus sensiblement, sinon que j'ai un corps qui est mal disposé quand je sens de la douleur, qui a besoin de manger ou de boire, quand j'ai les sentiments de la faim ou de la soif, etc. Et partant je ne dois aucunement douter qu'il n'y ait en cela quelque vérité.

La nature m'enseigne aussi par ces sentiments de douleur, de faim, de soif, etc., que je ne suis pas seulement logé dans mon corps, ainsi qu'un pilote en son navire, mais, outre cela, que je lui suis conjoint très étroitement et tellement confondu et mêlé, que je compose comme un seul tout avec lui. Car, si cela n'était, lorsque mon corps est blessé, je ne sentirais pas pour cela de la douleur, moi qui ne suis qu'une chose qui pense, mais j'apercevrais cette blessure par le seul entendement, comme un pilote aperçoit par la vue si quelque chose se rompt dans son vaisseau ; et lorsque mon corps a besoin de boire ou de manger, je connaîtrais simplement cela même, sans en être averti par des sentiments confus de faim et de soif. Car en effet tous ces sentiments de faim, de soif, de douleur, etc., ne sont autre chose que de certaines façons confuses de penser, qui proviennent et dépendent de l'union et comme du mélange de l'esprit avec le corps.

RENÉ DESCARTES, *Méditations métaphysiques*, « Sixième Méditation » (1641, trad. du Duc de Luynes, 1647, revue et corrigée par Descartes), Éd. Hatier, coll. « Les classiques Hatier de la philosophie », 2000, pp. 102-103.

POUR MIEUX COMPRENDRE LE TEXTE

Descartes cherche à faire reconnaître ici une certaine « vérité du vécu », relative à l'union de l'**âme** et du **corps**, distincte de la vérité scientifique, qui est le fait de l'âme seule. Cette dernière nous enseigne quelle est l'essence des choses, tandis que la vérité du vécu nous montre leur **utilité** pour la conservation du composé âme/corps, c'est-à-dire pour la vie même. Il faut donc distinguer notre « essence », qui est de penser (« moi qui ne suis qu'une chose qui pense », l. 20), et notre « nature », qui est d'être une âme étroitement unie à un corps, cette union étant si étroite et si incompréhensible pour l'entendement qu'elle est intrinsèquement obscure et confuse. Le corps n'est pas un instrument au service de l'âme, il n'est pas un « navire » dont l'âme serait le « pilote » (l. 16).

Les « sentiments de douleur, de faim, de soif, etc. » (l. 14-15) sont l'expression de cette union de l'âme et du corps : le désir est compris selon le modèle du **besoin** et de l'utilité (l. 23). Le sentiment reste une forme de pensée « confuse » (l. 25, 27), qui nous touche immédiatement (l. 17). Mais cela n'empêche pas d'avoir une **certitude** quant à la validité de nos sentiments, puisque le désir est institué par la nature pour représenter à l'âme les objets vers lesquels nous devons nous porter pour nous conserver. Son « enseignement » (l. 2, 8, 14) est donc surtout de l'ordre du renseignement, et son efficacité ne se prête pas au **doute** (l. 1, 12), bien que nous ne sachions ni pourquoi ni comment nous sommes amenés à désirer ce qui nous manque.

Cette institution de la **nature** est si efficace que Descartes suggère qu'elle nous rend certains de la présence d'un Dieu parfait, donc bon, et qui a bien fait les choses (la nature en général et notre nature en particulier, l. 2-7). Dès lors, le désir, qui est surtout compris du point de vue de sa **fonction** vitale, accède également à un statut philosophiquement révélant : il témoigne d'une présence heureuse de l'homme dans le monde.

TEXTE 3 Le désir est l'excitateur du rêve

S. FREUD (1856-1939)

Freud montre ici le lien qui unit le désir et le rêve : nous rêvons parce que nous ressentons, au cours de notre sommeil, des désirs qui sont susceptibles de le troubler. Rêver permet de donner une forme de satisfaction au désir et ainsi d'écarter le trouble.

En tant que réaction à l'excitation psychique, le rêve doit avoir pour fonction d'écarter cette excitation, afin que le sommeil puisse se poursuivre. Par quel moyen dynamique le rêve s'acquitte-t-il de cette fonction ? C'est ce que nous ignorons encore ; mais nous pouvons dire d'ores et déjà que, *loin d'être*, ainsi qu'on le lui reproche, *un trouble-sommeil, le rêve est un gardien du sommeil qu'il défend contre ce qui est susceptible de le troubler*. Lorsque nous croyons que sans le rêve nous aurions mieux dormi, nous sommes dans l'erreur ; en réalité, sans l'aide du rêve, nous n'aurions pas dormi du tout. C'est à lui que nous devons le peu de sommeil dont nous avons joui. Il n'a pas pu éviter de nous occasionner certains troubles, de même que le gardien de nuit est obligé de faire lui-même un certain bruit, lorsqu'il poursuit ceux qui par leur tapage nocturne nous auraient troublés dans une mesure infiniment plus grande.

Le désir est l'excitateur du rêve ; la réalisation de ce désir forme le contenu du rêve : tel est un des caractères fondamentaux du rêve. Un autre caractère, non moins constant, consiste en ce que le rêve, non content d'exprimer une pensée, représente ce désir comme réalisé, sous la forme d'un événement psychique hallucinatoire. *Je voudrais voyager en mer* : tel est le désir excitateur du rêve. *Je voyage sur mer* : tel est le contenu du rêve. Il persiste donc, jusque dans les rêves d'enfants, si simples, une différence entre le rêve latent et le rêve manifeste, une déformation de la pensée latente du rêve : *c'est la transformation de la pensée en événement vécu.*

SIGMUND FREUD, *Introduction à la psychanalyse* (1915-1917), 8e Conf., Éd. Payot, coll. « Petite Bibliothèque », trad. S. Jankélévitch, 1922, p. 114.

POUR MIEUX COMPRENDRE LE TEXTE

Freud explique ici le phénomène du **rêve** par sa fonction : écarter une excitation provoquée par un désir pendant le sommeil afin que celui-ci puisse se poursuivre (l. 1-3). En un sens, le rêve est donc le « gardien du sommeil » contre le « tapage nocturne » que représente le désir (l. 3-15).

Le désir est dangereux pour le sommeil parce que l'excitation qui le caractérise est une mise en œuvre d'**énergie** psychique et corporelle qu'il s'agit de réaliser. Le but de l'esprit est de retrouver un état d'équilibre par la satisfaction. Le désir provoque le rêve et lui donne son contenu ; en retour, le rêve réalise le désir (l. 16-22).

Le rêve peut être efficace car ce n'est pas tant l'objet qui est désiré que la **satisfaction** en tant que telle : nous trouvons une satisfaction substitutive dans le rêve parce que nous pouvons transformer de façon « hallucinatoire » la pensée en événement vécu (l. 25-26).

Cette transformation exige une certaine élaboration, que Freud nomme ailleurs le « travail du rêve », parce que certains désirs sont censurés par la conscience : ils doivent alors se réaliser d'une manière déguisée, **symbolique**.

Il y a donc une différence entre le « rêve manifeste » (le contenu qui se présente à la conscience) et le « rêve latent » (le sens que peut refuser la conscience). Dans le rêve enfantin (l. 23), le rêve manifeste diffère très peu du rêve latent : il y a seulement transformation du désir en événement sans symbolisation (rêver de boire quand on a soif).

Quel que soit le degré de symbolisation présent dans le rêve, celui-ci est toujours provoqué, « excité » par un désir (l. 22). Qu'il soit reconnu ou non par la **conscience**, le désir est l'élément dynamique du psychisme ; il ne peut que chercher à se satisfaire, d'une manière ou d'une autre.

La plupart des rêves comprennent des éléments symboliques : sur la base de ceux-ci, le psychanalyste opère un **travail d'interprétation** consistant à retrouver le rêve latent derrière le rêve manifeste, c'est-à-dire à comprendre quel désir y est à l'œuvre. Telle est l'ambition générale de la psychanalyse : rendre conscient ce qui est inconscient (texte 9).

TEXTE 4 Le désir suppose la conscience humaine du temps

F. ALQUIÉ (1906-1985)

Le désir s'inscrit dans une temporalité proprement humaine, tandis que le besoin relève d'une forme d'éternité naturelle. C'est ce que montre ici Alquié en rappelant la différence fondamentale de l'homme et de l'animal du point de vue de l'instinct.

L'animal a des instincts : autrement dit, dès sa naissance et avant même d'avoir vécu, il dispose de comportements tout montés, se déclenchant quand il le faut, toujours semblables à eux-mêmes. Tout se passe comme s'il possédait des connaissances innées faisant corps avec lui, émanant de cette structure intemporelle que lui a donnée la vie, structure par laquelle il est définitivement ce qu'il est, et toujours prêt à réagir de semblable façon à ce que lui offrira l'expérience. Par là, l'animal est placé d'emblée dans une sorte d'éternité réelle : ses connaissances instinctives ne sont pas tirées du concret, elles émanent, tout abstraites et générales, de la Nature. Comment s'étonner dès lors que l'animal soit adapté au futur ? Il ne tire pas sa science du passé, il dispose d'un savoir indifférent au temps, puisque n'y prenant pas sa source, d'un savoir dominant le temps, et pouvant convenir à n'importe lequel de ses instants. Et l'on voit encore en ceci que l'éternité coïncide toujours avec l'inconscience. L'instinct est éternel, et il est inconscient : il ne peut tirer parti d'une situation inaccoutumée, il ne saisit jamais le concret comme tel, il ne s'adapte au temps que parce qu'il néglige la qualité particulière de ses moments.

Mais la faculté par laquelle l'homme s'adapte au devenir est la conscience, faculté essentiellement temporelle, qui ne saisit d'abord que la particularité qualitative des instants, et n'en dégage que peu à peu des lois éternelles. L'homme n'a pas d'instincts. À sa naissance, il est livré sans armes à ce qui va lui advenir [...] : ce n'est qu'avec l'expérience que pourront commencer connaissance et désirs.

[...] On sait que tout désir est comme suspendu entre la représentation qui l'attire et la tendance dont il émane. La Nature semble donner aux animaux quelque connaissance instinctive des objets qu'ils doivent rechercher, joignant chez eux l'orientation à la tendance. Mais elle laisse l'homme à l'indétermination de ses impulsions, elle ne lui apprend pas ce qu'il doit désirer.

C'est donc la seule expérience qui nous instruit, qui donne forme à nos tendances : on comprend dès lors l'influence que les premiers objets qu'elle nous a présentés exerceront toujours sur nous.

FERDINAND ALQUIÉ, *Le désir d'éternité* (1943),
Éd. PUF, coll. « Quadrige »,
1943, pp. 46-49.

POUR MIEUX COMPRENDRE LE TEXTE

Pour Alquié, dans la mesure où il n'a que des **instincts** pour lui dicter sa conduite, l'animal obéit mécaniquement à cette structure intemporelle que sont les lois de la **nature** : il néglige donc la particularité des situations pour adopter un comportement établi de toute éternité. Sa conduite se révèle adaptée à sa conservation car la nature y a pourvu pour lui : il agit donc inconsciemment et dans une sorte d'éternité réelle (l. 1-20).

L'homme, lui, n'a que son **expérience** pour apprendre comment s'orienter dans la vie : dépourvu de tout instinct, sa conduite est fondamentalement indéterminée. Mais il est doué de **conscience**, c'est-à-dire de la faculté de se représenter le cours du temps, la spécificité des situations et les moyens éventuels d'y répondre. Il élabore ainsi lui-même ses propres désirs, en fonction de son histoire et de ses projets : la conscience, qui est essentiellement conscience de la **temporalité**, est ce qui permet de substituer au défaut d'instinct la construction de désirs (l. 21-37).

Pour Alquié, la différence entre l'homme et l'animal est donc celle entre l'instinct et le désir, entre l'éternité inconsciente et la temporalité consciente. Si l'instinct permet de répondre aux **besoins** de l'organisme, le désir permet de les assumer tout en les dépassant puisqu'il se construit sur une **histoire** et non sur une nature. Le modèle du besoin (textes 1 et 2) apparaît donc insuffisant pour expliquer la structure du désir.

TEXTE 5

Désir et altérité

G. W. F. HEGEL (1770-1831)

Le désir est la forme immédiate de notre rapport au monde. Mais dès lors qu'il devient désir d'une personne, il change de sens : il devient désir de reconnaissance, c'est-à-dire désir de voir sa liberté reconnue par l'autre. C'est le combat produit par ce désir que décrit la dialectique du maître et de l'esclave.

Dans le désir, la conscience de soi se comporte à l'égard d'elle-même comme une réalité *singulière*. Elle renvoie à un objet qui est dépourvu de soi, qui, en lui-même, est autre chose que la conscience de soi. Eu égard à l'objet, cette conscience ne réussit à s'atteindre dans son égalité à elle-même que par la suppression de cet objet. Absolument parlant, 1° le désir est *destructeur* ; – 2° dans la satisfaction du désir, on n'aboutit, par conséquent, qu'au sentiment qu'a de lui-même l'être-pour-soi du sujet en tant que réalité singulière, au concept indéterminé du sujet lié à l'objectivité.

Le concept de conscience de soi, comme d'un sujet qui soit en même temps objectif, entraîne le rapport suivant : il y a pour la conscience de soi une autre conscience de soi. [...]

Pour se faire valoir et être reconnue comme *libre*, il faut que la conscience de soi *se représente* pour une autre comme *libérée de la réalité naturelle présente*. [...] Mais l'*autonomie* est moins la liberté qui sort de la présence sensible immédiate et qui *se détache* d'elle que, bien plutôt, la liberté au sein de cette présence. Par suite de l'*inégalité* qui tient à ce que pour l'une des deux consciences de soi, la liberté a plus de valeur que la réalité sensible présente, tandis que pour l'autre, cette présence assume, au regard de la liberté, valeur de réalité essentielle, c'est alors que s'établit entre elles, avec l'obligation réciproque d'être reconnues dans la réalité effective et déterminée, la relation *maîtrise-servitude*, ou, absolument parlant, *service-obéissance*, dans la mesure où cette différence d'autonomie est donnée par le rapport naturel immédiat.

GEORG WILHELM FRIEDRICH HEGEL, *Propédeutique philosophique* (1808), Éd. de Minuit, trad. Gandillac, 1963, pp. 97-98.

POUR MIEUX COMPRENDRE LE TEXTE

Ce texte analyse le destin du désir depuis sa forme immédiate sensible (désir de quelque chose) jusqu'à sa forme supérieure (désir de quelqu'un). Le désir **immédiat** est « destructeur » (l. 7) puisqu'il est orienté par le besoin de « consommation » de l'objet : satisfaire son désir, c'est nier la distance entre le désirant et le désiré, s'approprier la chose que l'on veut (l. 1-10).

Mais la **conscience de soi** (le sujet en tant qu'il entretient un rapport avec lui-même) ne désire pas seulement des choses ; elle rencontre nécessairement d'autres consciences de soi, d'autres personnes (l. 11-13). L'idée de Hegel est que notre premier **rapport aux autres** consiste aussi en un désir. Plus précisément, nous désirons être « reconnu » par l'autre (l. 14) alors que nous ne désirons que posséder une chose inanimée. Dès lors, le désir de l'autre se réalise dans un conflit : chaque conscience de soi veut affirmer sa liberté en la faisant reconnaître par une autre conscience de soi (l. 14-16).

C'est le sens de la fameuse dialectique du **maître** et de l'**esclave** (l. 16-27). La liberté d'un sujet se manifeste par la possible négation de la nature sensible d'une part (elle est « autonomie », l. 16), et par la négation de l'altérité d'une autre conscience d'autre part (elle est puissance) : le « maître » est celui qui place sa liberté au-dessus de son désir sensible de conservation et accepte le combat ; à l'inverse, « l'esclave » abdique sa liberté en se soumettant à la puissance du maître, il préfère sauver sa vie plutôt que d'affirmer sa liberté. D'où leur « inégalité » (l. 19), puisque « l'esclave » se soumet à la réalité naturelle tandis que le « maître » affirme son autonomie par rapport à elle.

On retiendra dans ce texte que le désir est à l'origine de la **liberté**. Dès lors qu'une conscience affirme son désir d'être reconnue par une autre, un combat se produit dont le dénouement décide de la liberté subjective. Le maître (l'homme libre) n'est pas seulement celui qui sait renoncer à son désir, mais celui qui accepte de le mettre en jeu, de prendre le risque de la mort, et donc de s'affirmer.

TEXTE 6

Le mimétisme du désir

R. GIRARD (NÉ EN 1925)

La structure du désir est triangulaire puisqu'elle implique, entre le sujet et l'objet, un médiateur qui constitue à la fois un modèle et un rival. Aussi le désir débouche-t-il sur un conflit dont l'enjeu est d'affirmer son être face à l'autre.

Dans tous les désirs que nous avons observés, il n'y avait pas seulement un objet et un sujet, il y avait un troisième terme, le rival, auquel on pourrait essayer, pour une fois, de donner la primauté. [...] *Le sujet désire l'objet parce que le rival lui-même le désire*. En désirant tel ou tel objet, le rival le désigne au sujet comme désirable. Le rival est le modèle du sujet, non pas tant sur le plan superficiel des façons d'être, des idées, etc., que sur le plan plus essentiel du désir.

[...] Une fois que ses besoins primordiaux sont satisfaits, et parfois même avant, l'homme désire intensément, mais il ne sait pas exactement quoi, car c'est l'être qu'il désire, un être dont il se sent privé et dont quelqu'un d'autre lui paraît pourvu. Le sujet attend de cet *autre* qu'il lui dise ce qu'il faut désirer, pour acquérir cet être. Si le modèle, déjà doté, semble-t-il, d'un être supérieur désire quelque chose, il ne peut s'agir que d'un objet capable de conférer une plénitude d'être encore plus totale. Ce n'est pas par des paroles, c'est par son propre désir que le modèle désigne au sujet l'objet suprêmement désirable.

Nous revenons à une idée ancienne mais dont les implications sont peut-être méconnues ; le désir est essentiellement *mimétique*, il se calque sur un désir modèle ; il élit le même objet que ce modèle.

Le mimétisme du désir enfantin est universellement reconnu. Le désir adulte n'est en rien différent, à ceci près que l'adulte, en particulier dans notre contexte culturel, a honte, le plus souvent, de se modeler sur autrui ; il a peur de révéler son manque d'être. Il se déclare hautement satisfait de lui-même ; il se présente en modèle aux autres ; chacun va répétant : « Imitez-moi » afin de dissimuler sa propre imitation.

Deux désirs qui convergent sur le même objet se font mutuellement obstacle. Toute *mimesis* portant sur le désir débouche automatiquement sur le conflit.

René Girard, *La Violence et le Sacré* (1972),
Éd. Grasset, 1972, pp. 216-217.

POUR MIEUX COMPRENDRE LE TEXTE

Affirmer, comme le fait René Girard dans ce texte, que le désir se constitue toujours sur un modèle « mimétique » (l. 21), c'est montrer que le désir est provoqué non pas tant par l'objet que par un autre, le rival, qui désire déjà cet objet (l. 1-8). Autrement dit, la **structure** du désir est triangulaire : il y a toujours le sujet, l'objet, et le rival qui les met en rapport par son propre désir.

La nécessité pour le **sujet** de prendre un modèle s'inscrit sur fond d'incertitude de soi et de sentiment d'incomplétude : le sujet ne naît pas avec une identité déjà constituée, il doit se constituer comme sujet. Et pour cela, il doit emprunter quelque chose à un autre qui paraît s'affirmer par ses propres désirs, et cela par **mimétisme**, c'est-à-dire par une forme d'imitation grâce à laquelle on croit s'approprier une personnalité (l. 9-18).

Ce fonctionnement est d'une façon très claire celui du désir enfantin (« faire comme les grands »), mais il se poursuit dans tout le cours de l'existence parce que l'identité recherchée est, au fond, toujours différée : le sujet, en relançant à chaque instant cette quête d'identité, relance son désir qui se constitue dans le rapport à l'autre (l. 23-29). Dans le désir, le rapport à l'**autre** précède et fonde le rapport à l'**objet** ; c'est en cela que sa structure est paradoxale.

L'enjeu du « conflit » (l. 30-32) qui s'ensuit de ce mimétisme n'est donc pas tant l'objet désiré que le fait insupportable de voir son désir (donc une part de son identité) partagé par l'autre : il y a nécessairement une « primauté de la violence dans le désir » parce que l'enjeu dépasse la simple appropriation de l'objet pour engager en dernière instance la propriété de l'**identité** elle-même. Le « conflit des générations » en est un exemple puisque les enfants peuvent se jeter aveuglément sur des désirs concurrents de ceux de leurs parents, chercher d'autres influences pour affirmer leur identité.

2 Le sujet du désir

Si le désir influence notre *jugement*, il faut s'interroger sur les illusions qu'il produit et sur le jugement de type moral auquel il se confronte : égarés par le désir, nous pouvons en effet être amenés à commettre des actes répréhensibles. Il faut dès lors s'interroger aussi sur le jugement moral que l'on peut porter sur le *sujet* qui désire : la perte de la maîtrise de soi dont il peut être la victime invite à se méfier du désir.

Mais si ce sentiment peut être *aliénant**, il n'est pas le seul à pouvoir être accusé : le désir lui-même peut être aliéné, par exemple lorsqu'il est « capturé » dans des conditions sociales dégradantes ou dans des déterminations psychologiques échappant au sujet qui éprouve le désir. Cependant, d'une part, rien n'empêche d'*émanciper* ou de se réapproprier ce désir. D'autre part, le désir est certes un moteur de l'action, mais il n'est en aucun cas le principe déterminant de notre conduite : contre le désir qui nous éloigne de nous-mêmes, la *liberté* et la raison nous ramènent à ce que nous sommes.

Désir et aliénation

Le rapport du désir à son objet est paradoxal : d'une part, en cherchant à se satisfaire, le désir cherche sa mort comme désir ; d'autre part, le sujet ne désire pas tant posséder un objet qu'accéder à sa propre identité. Dès lors, la dépossession de soi expérimentée dans l'épreuve du désir nous invite à nous interroger sur le statut de ce *sujet désirant*. Il convient de se demander : « Qui désire ? », ou, plus précisément : « Qu'est-ce qui, en moi, désire ? » Désirer implique, de fait, une sorte de perte de soi dans l'objet, une dépersonnalisation qui se manifeste, au plus fort de son intensité, par la perte de l'autonomie* et l'échec de toutes les tentatives de maîtrise de soi. En ce sens, le désir est inséparable d'une forme d'aliénation* par laquelle un sujet s'identifie purement et simplement à sa quête irréfléchie de l'objet désiré : il ne vit plus que *par* et *pour* son désir, parfois jusqu'à en mourir.

Cette aliénation a un enjeu théorique et pratique. Du point de vue théorique, elle est le nerf de toutes les *illusions*, c'est-à-dire de toutes ces représentations erronées motivées par des désirs (souvent inconscients). Se faire des illusions, c'est au sens propre « prendre ses désirs pour des réalités ». L'erreur, qui est le résultat d'un jugement précipité ou formellement incorrect, ne demande qu'une correction ; tandis que l'illusion, faite de l'étoffe de nos désirs, demande, pour être levée, un *renoncement*.

Du point de vue pratique, l'aliénation du sujet à son désir doit se comprendre au sens fort : le rapport de possession que vise le sujet désirant un objet se transforme en une passivité proche de l'esclavage. Comme envoûté, le sujet « n'est plus lui-même » dans le désir, il est « possédé », et par là poussé soit à des conduites aveugles, potentiellement immorales et dangereuses, soit à l'attente vaine et indéterminée de l'objet.

La dépossession de soi dans le désir est au cœur de la réflexion de Platon (texte 7), pour qui le désir doit être compris comme un consentement de l'*âme* aux sollicitations incessantes du *corps*, comme une servitude volontaire qui barre l'accès à la sagesse. L'âme sous l'emprise du désir se trompe sur la hiérarchie qui doit prévaloir dans l'homme, car l'homme se définit par son âme, dont l'immortalité est certaine, et qui n'aspire à autre chose qu'à retrouver la *vérité*, éternelle et immuable comme elle. Le véritable objet de notre désir, celui qui convient à l'âme, est la vérité, et non les biens apparents que nous fait poursuivre le corps. Il faut donc promouvoir, contre ces faux désirs, le désir philosophique pour la vérité (la *philo-sophia* est « l'amour de la sagesse »), c'est-à-dire le désir propre à l'âme qui se connaît elle-même.

Cette dualité conflictuelle entre le corps et l'âme se trouve radicalisée dans le christianisme par l'opposition de l'*esprit* et de la *chair*. Pour cette tradition, représentée notamment par saint Augustin (texte 8), la misère de l'homme réside dans un corps toujours désirant qui l'entraîne au péché et à la mort. Avec la thématique chrétienne de la chair, le corps prend une portée symbolique qu'il n'avait pas chez les Grecs, et le désir est assimilé à la *tentation* permanente du mal dans un être trop faible pour y résister seul. On s'oriente vers une condamnation radicale du corps et du désir, instruments dont le Tentateur se sert pour détourner l'esprit de la seule considération qui vaille : la grandeur et la bonté du Créateur. Face à ce combat qui se déroule en lui-même, le chrétien, qui ressent à la fois sa faiblesse et la miséricorde de Dieu, n'a d'autre recours que de supplier la *grâce* pour espérer obtenir la délivrance et réaliser son idéal d'unité à soi-même.

Dans toutes ces conceptions, le règne du désir correspond à une scission insupportable du sujet entre un principe inférieur et un principe supérieur, qui doit se résoudre par l'*éradication* totale du désir lié au corps. Le désir n'est qu'un obstacle moral qu'il s'agit de surmonter en le niant. Le problème est de savoir si, d'une part, une telle négation de la sensibilité est susceptible d'une véritable application hors de l'*ascèse**, voire de la mortification. Mais on peut se demander s'il ne s'agit pas là de conduites pathologiques répondant elles-mêmes à des désirs inconscients : le sujet alors ne pourrait plus sortir de la sphère du désir.

Désir et émancipation

Si traiter le désir exclusivement comme un obstacle moral est encore un désir, alors l'ascétisme* est une illusion et le conflit doit faire place à la ruse : l'*émancipation* ne peut être le fruit que d'un travail du désir sur le désir. Le moralisme non seulement est inefficace, mais de plus il se trompe sur la nature de l'asservissement, puisque l'observation stricte des prescriptions d'une raison qui n'a pas conscience d'elle-même nous ramène à l'aveuglement. Aussi faut-il plutôt considérer le désir non pas comme un obstacle, mais comme la faculté irréductible sur laquelle nous devons travailler pour gagner notre *liberté*, donc comme la médiation nécessaire vers celle-ci.

C'est précisément la conception de Freud (texte 9), qui dénonce le moralisme comme socialement et psychiquement dangereux en raison de toutes les frustrations qu'il impose. Il faut reconnaître que l'homme est un *être de désir* et que le désir ne doit pas être combattu, mais compris. L'aliénation tient en effet à l'ignorance de la nature de nos plus profonds désirs, qui sont inconscients mais constitutifs de la subjectivité. Le véritable sujet du désir est l'*inconscient*, et accéder à la liberté sera dès lors, grâce à la psychanalyse, rendre conscient ce qui est inconscient, permettre au sujet de désirer en connaissance de cause en lui donnant les moyens de mettre son désir en concordance avec son véritable objet.

Il faut comprendre le désir et non l'éradiquer, car le désir n'est pas le mal : on peut être libre tout en désirant, on doit pouvoir être libre de désirer dans la limite, évidemment, du respect des autres. Le désir dès lors ne peut plus être tenu en soi pour une aliénation, mais il est au contraire le passage obligé vers un véritable *accomplissement de soi.*

La réflexion de Marcuse (texte 10), dans la continuité de Freud et de Marx, montre que l'aspect aliénant du désir ne tient pas à sa nature, mais doit être découvert dans les *conditions sociales* qui nous sont imposées. Celles-ci comprennent en effet une part de manipulation en vue de la restriction de nos désirs pour garantir le travail, mais cette limite extérieure doit être dénoncée et dépassée vers une nouvelle forme de société où chacun aurait les moyens de s'épanouir *selon* ses désirs : le désir n'est donc pas un principe d'aliénation, mais bien d'émancipation.

La glorification du désir est cependant aussi problématique que sa condamnation puisque les deux perspectives, bien qu'opposées, reproduisent le même schéma d'un processus de *libération* dont on ne sait s'il peut se réaliser : il s'agit d'un autre monde ou d'un avenir lointain. Néanmoins, le désir reste avant tout un mobile d'action.

Désir et action

Le problème du désir est celui du rapport qu'il entretient avec les autres instances humaines de l'agir, en particulier la *volonté* qui doit se déterminer selon la *loi morale.* Kant (texte 11) reprend l'idée selon laquelle le désir s'inscrit dans une temporalité finalisée (chapitre 1) : il est donc toujours conditionné par son objet et par les circonstances temporelles (il est *relatif*), au contraire de la loi morale qui est universelle et nécessaire (elle est *inconditionnelle*). Autrement dit, ce n'est pas le désir en lui-même qui est le mal, mais seulement le choix d'accomplir un désir lorsqu'il se trouve en contradiction avec la loi morale, car le mobile *sensible* doit s'effacer devant le motif *rationnel*.

Le désir n'est donc pas le fait de l'être raisonnable et libre que nous sommes (le *sujet transcendantal*), mais le fait de l'être sensible que nous sommes par ailleurs (le *sujet empirique*). Si la loi morale a juridiction sur toutes nos actions, il n'y a pas cependant, au niveau de la théorie de l'action, une hiérarchie qui commanderait l'éradication du désir : le désir est une *faculté* qui doit être reconnue pleinement en l'homme, bien qu'elle ne soit pas le principe ultime de l'action ni de ce que nous sommes. Mais c'est bien le même sujet qui désire et qui agit : comme nous pouvons désirer dans les limites de ce qu'autorise la loi morale, on a affaire, chez Kant, à un *formalisme* qui règle l'action sans nier la sensibilité et sans compromettre la liberté que nous connaissons être en nous.

TEXTE 7 — La vérité du désir est l'amour de la pensée

PLATON (≈ 427-347 AV. J.-C.)

Dans ce texte, Platon cherche à promouvoir la vérité du désir comme désir philosophique : nous ne pourrons réaliser ce dernier qu'en nous arrachant à ces faux désirs que sont les sollicitations incessantes du corps.

Tant que nous aurons le corps, et qu'un mal de cette sorte restera mêlé à la pâte de notre âme, il est impossible que nous possédions jamais en suffisance ce à quoi nous aspirons ; et, nous l'affirmons, ce à quoi nous aspirons, c'est le vrai. Le corps en effet est pour nous source de mille affairements, car il est nécessaire de le nourrir ; en outre, si des maladies surviennent, elles sont autant d'obstacles dans notre chasse à ce qui est. Désirs, appétits, peurs, simulacres en tout genre, futilités, il nous en remplit si bien que, comme on dit, pour de vrai et pour de bon, à cause de lui il ne nous sera jamais possible de penser, et sur rien. Prenons les guerres, les révolutions, les conflits : rien d'autre ne les suscite que le corps et ses appétits. Car toutes les guerres ont pour origine l'appropriation des richesses. Or ces richesses, c'est le corps qui nous force à les acquérir, c'est son service qui nous rend esclaves. Et c'est encore lui qui fait que nous n'avons jamais de temps libre pour la philosophie, à cause de toutes ces affaires. Mais le comble, c'est que même s'il nous laisse enfin du temps libre et que nous nous mettons à examiner un problème, le voilà qui débarque au milieu de nos recherches ; il est partout, il suscite tumulte et confusion, nous étourdissant si bien qu'à cause de lui nous sommes incapables de discerner le vrai. Pour nous, réellement, la preuve est faite : si nous devons jamais savoir purement quelque chose, il faut que nous nous séparions de lui et que nous considérions avec l'âme elle-même les choses elles-mêmes. Alors, à ce qu'il semble, nous appartiendra enfin ce que nous désirons et ce dont nous affirmons que nous sommes amoureux : la pensée.

PLATON, *Phédon* (≈ 383-382 av. J.-C.), 66b-66e, Éd. Flammarion, coll. « G.F. », trad. M. Dixsaut, 1991, pp. 216-217.

POUR MIEUX COMPRENDRE LE TEXTE

Le corps, avec les passions qu'il suscite, nous empêche de penser et de vouer notre âme à son véritable objet : la connaissance du **vrai** (l. 1-4). Cet empêchement se double d'un danger **moral**, puisque les désirs issus du corps et de son insatiabilité, au mieux, nous enferment dans les futilités (l. 4-11), au pire, nous poussent à toutes les exactions et aux guerres (l. 11-13). Les appétits du **corps** doivent être maîtrisés pour libérer l'**âme** de sa tyrannie et lui permettre d'assouvir son désir pour la vérité (l. 13-27).

La pensée commence donc lorsque les multiples appétits corporels s'effacent devant le désir philosophique, dont l'objet est « ce qui est », c'est-à-dire les idées **intelligibles** qui sont, comme l'âme, éternelles et immuables, par opposition aux choses **sensibles** qui sont, comme le corps, corruptibles et fugitives.

C'est une nécessité vitale de prendre soin de notre corps, mais nous devons nous soucier de lui seulement dans le but qu'il laisse enfin l'âme en paix : le nourrir de façon frugale, éviter les maladies, etc. Autrement dit, il faut satisfaire ses **besoins** et non servir ses appétits, apaiser le tumulte qu'il suscite sans jamais l'encourager. L'âme doit ainsi se détacher de lui « autant qu'il est possible », ce qui lui permettra enfin de se consacrer à la **philosophie** : « l'amour de la sagesse » est le désir véritable d'une âme qui n'est plus séparée d'elle-même.

TEXTE 8

La tentation et la grâce

SAINT AUGUSTIN (354-430)

Si Platon (texte 7) *ne condamne pas le corps mais l'âme qui s'en rend esclave, la tradition chrétienne radicalise cette dualité en voyant dans le corps désirant (la chair) le principe du péché, assimilant ainsi le désir à la tentation permanente du mal.*

Hélas ! Seigneur, ayez pitié de moi : faites miséricorde à celui qui en a tant de besoin. Vous voyez que je ne vous cache point mes plaies. Vous êtes médecin, et je suis malade. Vous êtes tout plein de miséricorde, et je suis tout plein de misère. Et qu'est-ce que toute la vie que nous menons sur la terre, sinon une perpétuelle tentation ?

Qui est celui qui souhaite et qui aime les afflictions et les peines ? Aussi vous voulez seulement qu'on les souffre, et ne commandez pas qu'on les aime. Nul n'aime les maux qu'il souffre, quoiqu'il aime la souffrance de ces maux ; car encore qu'on se réjouisse de souffrir ce qu'il faut souffrir, on aurait néanmoins plus de joie de n'avoir rien à souffrir. Dans l'adversité je souhaite la prospérité ; et dans la prospérité j'appréhende l'adversité. Peut-on trouver un état qui soit comme un milieu entre ces deux différents états et où notre vie ne soit point sujette à tentation ? Deux raisons rendent malheureuses les prospérités du siècle : l'une, de ce qu'elles sont accompagnées de la crainte de l'adversité, l'autre, de ce qu'elles nous corrompent par la joie qu'elles nous causent. Et trois raisons rendent malheureuses les adversités du siècle : la première, de ce qu'on y désire la prospérité ; la seconde, de ce que la mauvaise fortune est elle-même difficile à supporter ; et la troisième, de ce qu'elle fait assez souvent succomber notre patience. Et ainsi n'est-il pas vrai de toutes parts que la vie des hommes sur la terre est une tentation continuelle ?

SAINT AUGUSTIN, *Confessions*, X, 28 (≈ 400),
Éd. Gallimard, coll. « Folio », trad. A. d'Andilly,
1993, pp. 372-373.

POUR MIEUX COMPRENDRE LE TEXTE

Ce texte montre en quoi le désir est indissociable de la **souffrance** : celui-ci est comparable à une maladie (l. 1-6) qui pousse en permanence l'homme vers le péché et fait de lui une créature misérable, partagée entre la « tentation » (l. 6, 24) et l'amour de son créateur.

Le désir est non seulement la marque d'une **finitude** puisqu'il désigne un manque, mais il enferme le sujet dans une quête éperdue de satisfactions éphémères (l. 7-23). Le monde d'ici bas (le « siècle ») n'est jamais à la hauteur de ce qu'il promet. Même les joies terrestres sont mauvaises puisque, d'une part, elles sont toujours accompagnées de la crainte de l'échec (l. 17-18), et que, d'autre part, elles nous « corrompent » (l. 18-19) en nous détournant de la béatitude véritable que seul l'amour de Dieu peut nous offrir.

Chez saint Augustin, la **tentation**, même satisfaite, est traversée par le malheur. Elle constitue la marque du « péché originel » par lequel l'homme s'est lui-même condamné à la souffrance. L'homme n'est, au fond, jamais sûr de ce qu'il possède puisque son désir est dépendant de la **fortune** et du **hasard**. En sorte que notre vie terrestre est tout entière dépendante de ce qui, précisément, ne dépend pas de nous, à savoir les aléas du sort. Il faut donc s'efforcer de nous détourner de ses tentations charnelles (qui comprennent aussi le désir de puissance et de gloire) pour s'abandonner à l'**amour de Dieu** qui, seul, est en mesure de nous satisfaire durablement.

TEXTE 9

L'avènement du moi

S. FREUD (1856-1939)

Le désir est le produit de motivations très puissantes provenant de l'inconscient. Confrontées aux frustrations qu'imposent la conscience et le monde extérieur, ces « pulsions » peuvent être à l'origine d'une angoisse à laquelle la psychanalyse tente de répondre non plus par la condamnation mais par la compréhension du désir.

Un proverbe met en garde de servir deux maîtres à la fois. Le pauvre moi est dans une situation encore pire, il sert trois maîtres sévères, il s'efforce de concilier leurs revendications et leurs exigences. Ces revendications divergent toujours, paraissent souvent incompatibles, il n'est pas étonnant que le moi échoue si souvent dans sa tâche. Les trois despotes sont le monde extérieur, le surmoi et le ça. Quand on suit les efforts du moi pour les satisfaire tous en même temps, plus exactement pour leur obéir en même temps, on ne peut regretter d'avoir personnifié ce moi, de l'avoir présenté comme un être particulier. Il se sent entravé de trois côtés, menacé par trois sortes de dangers auxquels il réagit, en cas de détresse, par un développement d'angoisse. [...] Ainsi, poussé par le ça, entravé par le surmoi, rejeté par la réalité, le moi lutte pour venir à bout de sa tâche économique, qui consiste à établir l'harmonie parmi les forces et les influences qui agissent en lui et sur lui, et nous comprenons pourquoi nous ne pouvons très souvent réprimer l'exclamation : « La vie n'est pas facile ! » Lorsque le moi est contraint de reconnaître sa faiblesse, il éclate en angoisse, une angoisse réelle devant le monde extérieur, une angoisse de conscience devant le surmoi, une angoisse névrotique devant la force des passions logées dans le ça. [...]

L'intention [des efforts thérapeutiques de la psychanalyse] est [...] de fortifier le moi, de le rendre plus indépendant du surmoi, d'élargir son champ de perception et de consolider son organisation de sorte qu'il puisse s'approprier de nouveaux morceaux du ça. Là où était du ça, doit advenir du moi.

SIGMUND FREUD, *Nouvelles conférences d'introduction à la psychanalyse* (1932), 31e Conf., Éd. Gallimard, coll. « Folio », trad. R.-M. Zeitlin, 1984, pp. 107-110.

POUR MIEUX COMPRENDRE LE TEXTE

Freud décrit ici la situation du **moi***, c'est-à-dire du sujet conscient, qui doit à la fois tenir compte de ses désirs (le ça*), de sa conscience (le **surmoi***), et du **monde extérieur** pour conduire sa vie (l. 1-10). Ces trois instances sont comparées à des « despotes » (l. 6) car elles s'imposent au moi, qui ne peut les éviter et les rencontre comme une triple menace d'**angoisse** (l. 10-22) que la psychanalyse cherche à résoudre pour soulager la souffrance humaine (l. 23-27).

Le **monde extérieur** pose le problème de la satisfaction possible de nos désirs : il nous impose de fait des limites extérieures, opposant ainsi au **principe de plaisir*** le **principe de réalité***. Or, la réalité semble dure car tout se passe comme si le bonheur devait nous être refusé, d'où une « angoisse réelle » (l. 19) face à un monde difficile.

Le **surmoi** ou « idéal du moi », c'est-à-dire la **conscience morale**, pose une autre entrave à la réalisation de nos désirs, entrave intérieure cette fois puisqu'il fait office de censeur : la psychanalyse en montre la genèse dans la petite enfance pour relativiser les dangers qu'il représente (texte 21), car il est souvent un juge trop sévère qui produit une « angoisse de conscience » (l. 20) concernant non pas seulement nos actes, mais aussi jusqu'au moindre de nos désirs. Cette sévérité est source de frustrations dangereuses.

C'est que nos désirs ne sont pas maîtrisés par nous, mais produits par le **ça**, c'est-à-dire l'instance inconsciente d'où partent toutes les **pulsions**. Comme celles-ci sont souvent incompatibles avec le surmoi et le monde extérieur, le moi, pris entre ces poussées et les bornes intérieures et extérieures qu'il rencontre, risque de développer une « angoisse névrotique » (l. 21), autrement dit de réaliser dans le sentiment de culpabilité et sans satisfaction réelle ses désirs les plus forts (car de façon substitutive), et en même temps de ne pas comprendre le sens même de ses actes pathologiques.

En voulant **rendre conscient ce qui est inconscient** (« Là où était du ça, doit advenir du moi », l. 27), la psychanalyse veut donc conjurer l'angoisse humaine, permettre au sujet de comprendre ses désirs pour se les réapproprier.

TEXTE 10 Le désir aliéné par le principe de rendement

H. MARCUSE (1898-1979)

Le fonctionnement de la société contemporaine repose sur la répression des désirs de l'individu et leur détournement sur l'investissement dans le travail : la civilisation impose le triomphe du principe de rendement sur le principe de plaisir.

Les hommes ne vivent pas leur propre vie, mais remplissent des fonctions pré-établies. Pendant qu'ils travaillent, ce ne sont pas leurs propres besoins et leurs propres facultés qu'ils actualisent, mais ils travaillent dans l'*aliénation*. Dans la société, le travail alors devient *général*, comme les restrictions imposées à la libido : le temps de travail, qui représente la plus grande partie de la vie de l'individu, est un temps pénible car le travail aliéné c'est l'absence de satisfaction, la négation du principe de plaisir. La libido est détournée vers des travaux socialement utiles où l'individu ne travaille pour lui-même que dans la mesure où il travaille pour l'appareil, engagé dans des activités qui ne coïncident, la plupart du temps, ni avec ses propres facultés ni avec ses désirs.

Cependant, et c'est là le point décisif, l'énergie instinctuelle ainsi retirée ne se porte pas vers les instincts d'agression (non-sublimés) parce que son utilisation sociale (dans le travail) permet la vie de l'individu, et même l'enrichit. Les restrictions imposées à la sexualité semblent d'autant plus rationnelles qu'elles deviennent plus universelles et qu'elles pénètrent davantage l'ensemble de la société. Elles agissent sur les individus en tant que lois objectives extérieures et en tant que force intériorisée : l'autorité sociale est absorbée dans la conscience et dans l'inconscient de l'individu et travaille comme si elle était son propre désir, sa propre morale et sa propre personnalité. Dans le développement « normal » l'individu vit sa répression « librement », comme si elle était sa propre vie : il désire ce qu'il est normal de désirer ; ses satisfactions sont profitables à lui-même et aux autres et il est raisonnablement heureux, et souvent même de manière exubérante. Ce bonheur occasionnel qui se place pendant les quelques heures de loisir séparant les jours ou les nuits de travail, mais parfois aussi pendant le travail, le rend capable de poursuivre son effort ce qui, en retour, assure la permanence de son labeur et de celui des autres. Sa vie érotique est ramenée au niveau de sa vie sociale. La répression disparaît dans le grand ordre objectif des choses qui récompense d'une manière plus ou moins adéquate les individus qui s'y plient et, ce faisant, reproduit de manière plus ou moins adéquate la société dans son ensemble.

HERBERT MARCUSE, *Eros et civilisation* (1955), Éd. de Minuit, trad. Nény & Fraenkel, 1963, pp. 50-51.

POUR MIEUX COMPRENDRE LE TEXTE

L'**aliénation*** est un état d'asservissement et de frustration qui tient à ce que, dans son travail, l'individu ne développe pas ses propres facultés et désirs : il œuvre dans le sens de la collectivité qui le réprime, et se trouve ainsi dessaisi du sens de son travail, qui, au lieu d'être un **accomplissement de soi**, se réduit à une activité pénible et imposée (l. 1-8). Le temps de loisir se réduit à un temps de récupération.

Pour assurer la généralisation du travail alors même qu'il est ressenti comme pénible, la société doit restreindre efficacement la libido* : le **principe de rendement**, qui est celui d'une société orientée vers le gain et la productivité, doit prévaloir sur le **principe de plaisir***, c'est-à-dire la recherche du bonheur par l'individu désirant (l. 9-13).

Cette substitution exige aussi une manipulation des consciences afin de sublimer les instincts d'agression et les désirs sexuels en intérêt pour le travail (l. 14-38). Il s'agit surtout de faire « intérioriser » l'autorité sociale par ceux-là mêmes qui en sont les victimes, ce que Marcuse désigne par le concept de **surrépression***, c'est-à-dire de faire en sorte que les individus se reconnaissent dans cette société qui pourtant les opprime (l. 20-24) : la présentation de l'ordre social comme ordre naturel ou normal permet de faire mieux accepter la domination subie et même d'amener la majorité à se reconnaître en elle. Marcuse dénonce ici la rhétorique du **libéralisme**, dont la force est de donner une illusion de liberté à ceux qu'il opprime (l. 26). Mais surtout, il s'agit de faire prévaloir l'idée d'un bonheur raisonnable et occasionnel (l. 26-31) et d'utiliser ce désir de bonheur dans le sens même du principe de rendement en le transformant en frénésie de **consommation**.

TEXTE 11

Du rapport des facultés de l'âme humaine aux lois morales

E. KANT (1724-1804)

Selon Kant, il faut établir une distinction entre le désir et les autres instances humaines de l'action, en particulier la volonté. Le désir relève de la sensibilité, et non de la liberté ; il n'est donc pas immoral. Il doit toutefois être soumis à la juridiction de la raison pratique, c'est-à-dire la raison humaine en tant qu'elle produit la loi morale et qu'elle suffit à déterminer la volonté par la seule forme de la loi.

La faculté de désirer est la faculté d'être par ses représentations cause des objets de ces représentations. […] Quant à l'intérêt pratique la détermination de la faculté de désirer, que ce plaisir doit nécessairement *précéder* comme cause, s'appellera au sens strict *désir*, tandis que les désirs habituels seront dits *penchants*. […] En revanche lorsque le plaisir ne peut que suivre une détermination antérieure de la faculté de désirer, il s'agit d'un plaisir intellectuel et l'intérêt pris à l'objet doit être dit un intérêt de la raison. Car si l'intérêt était sensible au lieu d'être fondé seulement sur de purs principes de la raison, alors la sensation devrait être liée au plaisir et ainsi pouvoir déterminer la faculté de désirer. […]

La faculté de désirer suivant des concepts, dans la mesure où son principe de détermination à l'action se trouve en elle-même et non dans l'objet, est dite *la faculté de faire ou de ne pas faire suivant son gré*. Dans la mesure où cette faculté est liée à la conscience de la faculté d'agir pour produire l'objet, elle s'appelle *arbitre*, mais si elle ne lui est pas liée son acte sera dit un *vœu*. La faculté de désirer, qui possède son principe de détermination intérieur en la raison, en sorte que l'assentiment se trouve lui-même dans la raison du sujet, s'appelle la *volonté*. La volonté est donc la faculté de désirer considérée non point tant par rapport à l'action (comme l'arbitre) que par rapport au principe de détermination de l'arbitre à l'action. Elle n'a donc point, en ce qui la regarde strictement, de principe de détermination, mais, dans la mesure où elle peut déterminer l'arbitre, elle est la raison pratique elle-même.

EMMANUEL KANT, *Métaphysique des mœurs* (1796), « Introduction générale », Éd. Vrin, trad. A. Philonenko, 1971, pp. 85-87.

POUR MIEUX COMPRENDRE LE TEXTE

Dans ce texte, Kant établit un certain nombre de distinctions indispensables à la compréhension de ce qui motive l'**action** humaine. Certes, d'une manière générale, seul le désir nous porte à agir, et c'est pourquoi notre faculté d'action est la faculté de désirer (l. 1-2). Celle-ci nous permet de mettre en œuvre ou de réaliser nos projets (nos « représentations », l. 2) qui nécessitent tous de représenter un **intérêt** pour nous.

Mais – et c'est le point essentiel – la faculté de désirer se divise en deux branches distinctes selon la nature de cet intérêt (l. 2-12). Si cet intérêt est seulement subjectif, si nous n'agissons qu'en pensant au **plaisir** que nous pourrions obtenir par notre action, alors c'est le seul désir qui est mobile de l'action (l 2-6). Nous ne recherchons alors que la simple satisfaction de notre attente et, dans ce cadre, il n'y a nulle place pour la **liberté** puisque nous ne sommes pas maîtres de nos désirs sensibles.

À l'inverse – et c'est là l'idée maîtresse de Kant – nous pouvons agir indépendamment de tout intérêt sensible, la recherche du plaisir n'est pas notre seul mobile (l. 6-12). La faculté de désirer peut, en effet, se confondre avec la **volonté** dès lors que nous choisissons de ne suivre que la loi morale qui nous commande de laisser nos désirs de côté quand nous voulons agir moralement (l. 13-27).

L'homme est donc capable d'obéir à sa seule **raison** (c'est la définition de l'autonomie*), c'est-à-dire indépendamment de ses désirs sensibles. Cela ne signifie pas que le désir soit immoral, mais seulement qu'étant subjectif, il dépend de chaque individu et ne peut donc prétendre à l'universel.

3 La dynamique du désir

Si la raison doit orienter notre conduite, il reste que le désir est bien un moteur de l'action, un mobile. L'ambition de limiter le désir prouve au moins une chose : le désir est un sentiment qui nous met en mouvement, il recèle une *dynamique* propre. Avant de prétendre juger moralement le désir, sans doute vaut-il mieux essayer de le comprendre, en exposant cette structure dynamique. Le désir, qu'on le condamne ou non, joue un rôle positif indéniable dans l'aventure humaine.

Le désir est mouvement

Le problème du désir n'est pas seulement celui du rapport qu'un sujet établit avec des objets. Le désir, en effet, est aussi penchant, tendance, orientation. En un mot, il est *mouvement* ; plus précisément, comme le montre Hobbes (texte 12), le commencement intérieur de tout mouvement volontaire. Dès lors, ce qui devient premier dans l'interrogation philosophique sur le désir, ce n'est plus son rapport à l'extériorité (le monde, les objets désirables), mais sa structure interne : le désir a rapport à l'action, il est au fond le signe de la puissance d'agir, et doit être compris selon sa dynamique propre.

Éclairer cette dynamique, c'est donc constituer une *logique affective*, c'est-à-dire comprendre quel est le fonctionnement interne du désir et comment il structure l'ensemble des phénomènes humains, en particulier la politique : le désir n'est pas tant à expliquer qu'à mobiliser comme principe explicatif.

La compréhension du désir comme mouvement se fonde sur le concept de *conatus**, qui en latin traduit celui d'« effort » (texte 12). Le désir est conçu comme une structure affective (un système physique, psychique et ontologique), qui permet de rendre compte des phénomènes humains en s'émancipant des perspectives morales ou moralisantes (chapitre 2) : comprendre le désir selon sa propre dynamique, c'est tenter de résorber la scission entre *sensibilité* et *raison*, et remettre en question la suprématie de cette dernière. Le problème n'est pas de savoir comment limiter le désir, mais de comprendre comment il fonctionne.

Dire que le désir est mouvement, c'est dire qu'il institue, au cœur de la nature humaine, une *dynamique permanente*. On peut, avec Hobbes (texte 13), penser le désir humain sur le modèle de la dynamique des corps physiques : le « mouvement vital » (circulation, respiration, etc.) est pensé sur le modèle du principe d'inertie (tout corps en mouvement, non soumis à une force, se meut en ligne droite et de façon uniforme), tandis que le « mouvement volontaire » (le désir) est pensé sur le modèle de la chute libre (mouvement rectiligne uniformément accéléré).

Contre une vision statique du désir, cette perspective montre qu'il n'est pas simplement rapport fixe à l'objet, passivité devant ce qui est désirable, mais *effort perpétuel*. D'où le changement du rapport entre le désir et le plaisir : le désir est déjà en lui-même la « félicité ». Plus on désire, plus on agit, plus on réalise son être.

Le désir est l'essence de l'homme

Avoir une vision dynamique du désir, c'est aussi avoir une vision dynamique de l'essence de l'homme, qui n'est pas seulement raison si la raison est une entité fixe. Spinoza montre ainsi que l'homme est désir (texte 14) car il « persévère dans son être », c'est-à-dire qu'il réalise son essence désirante dans chacune de ses actions. Par son énergie, le *conatus** manifeste la puissance de l'individu : le désir possède une valeur ontologique positive. C'est même le désir qui confère *sens* et *valeur* aux objets et, plus généralement, au monde, et cela contre toute forme de moralisme qui établit toujours une hiérarchie des biens. Or, le bien est le résultat d'une évaluation motivée par un désir. Par conséquent, il faut se référer au désir comme à l'origine de l'ensemble de nos jugements.

Ce geste, repris et développé par Deleuze (texte 15), n'est rien d'autre qu'une réinscription du désir dans l'immanence* qui remet en cause la pseudo-transcendance* des valeurs : c'est le désir qui est créateur de valeurs, et non la valeur qui suscite le désir. Deleuze montre que le désir est création, fonction, structure, et non pas rapport entre un sujet et un objet séparés. Il est un *flux* qui structure un champ d'énergie, non pas une réalité subjective, mais une fonction productive et impersonnelle. Il n'y a pas d'abord un sujet et un objet entre lesquels naîtrait le désir : il y a d'abord le désir et sa dynamique, autour desquels « quelque chose comme » un sujet confère un sens à ce qui lui apparaît « comme » un objet. Le désir oriente l'énergie qui nous invite à conférer un sens au monde.

Le devenir du désir

Si le désir est dynamique dans son essence, s'il est « effort vers », « persévérance dans l'être », il est aussi ce qui inscrit l'homme dans la *nature*. Pour singulariser l'homme, on fait référence à la raison qui échappe à l'immédiateté sensible, ou à la liberté qui l'arrache au déterminisme naturel. Au contraire, le désir, s'il est l'essence de l'homme, le réinscrit dans une totalité plus vaste, la nature, dont il est une partie. L'homme désirant, selon Spinoza (texte 16), n'est donc pas « un empire dans un empire » : loin d'être au-dessus des lois de la nature, il ne fait que leur obéir. Par le désir, l'homme participe à une productivité naturelle dont il fait partie au même titre que les autres choses, soumis tout comme elles à la nécessité. Le droit de l'homme ne se déduit donc pas de sa liberté, mais de sa *puissance d'affirmation* : j'existe autant et aussi loin qu'il m'est possible de désirer. La frontière de l'humanité n'est pas entre instinct et liberté, ni entre folie et raison, mais entre capacité et incapacité de désirer.

Par le désir, l'homme est donc inscrit dans un devenir sans terme assigné. La nature humaine n'est pas rationnelle en son fond, mais désirante : c'est le désir qui permet de comprendre la vie en commun elle-même. C'est ce que montre Kant (texte 17) en traitant du rôle de « l'insociable sociabilité » dans l'histoire. Les affects sont à l'origine de la *société* et du *droit* au sens où ils les rendent nécessaires. Le désir est « moteur », énergie : si la raison pratique commande (texte 11), c'est encore le désir qui motive.

TEXTE 12

Le mouvement du désir

T. HOBBES (1588-1679)

Hobbes montre ici que le désir doit être compris comme un mouvement, imperceptible mais réel, d'un individu vers un objet. Il explicite donc ce qu'est ce commencement de mouvement par la notion d'« effort » ou conatus.*

Il y a chez les animaux deux sortes de mouvements qui leur sont propres : l'un, appelé *mouvement vital*, commence à la génération et se poursuit sans interruption pendant la vie entière : à cette espèce appartiennent le *cours du sang*, le *pouls*, la *respiration*, la *concoction*, la *nutrition*, l'*excrétion*, etc. : ces mouvements ne requièrent pas l'aide de l'imagination. L'autre est le *mouvement animal*, appelé aussi mouvement volontaire : par exemple *marcher*, *parler*, *mouvoir* quelqu'un de nos membres de la façon qui a d'abord été imaginée dans notre esprit. [...] Et puisque *marcher*, *parler* et les autres mouvements volontaires semblables dépendent toujours d'une pensée antécédente du *vers où*, du *par où* et du *quoi*, il est évident que l'imagination est le premier commencement interne de tout mouvement volontaire. Et quoique les hommes sans instruction ne conçoivent pas qu'il y ait aucun mouvement là où la chose mue est invisible, ou encore là où l'espace dans lequel la chose se meut est imperceptible à cause de sa petitesse, cela n'empêche pas qu'il existe de tels mouvements. Car quelque petit que soit un espace, ce qui est mu sur un plus grand espace, dont ce petit espace est une partie, doit d'abord être mu sur ce petit espace. Ces petits commencements de mouvement qui sont intérieurs au corps de l'homme, reçoivent communément, avant d'apparaître dans le fait de s'avancer, de parler, de frapper et dans d'autres actions visibles, le nom d'EFFORT.

Cet effort, quand il tend à nous rapprocher de quelque chose qui le cause, est appelé APPÉTIT ou DÉSIR. *Désir* est la dénomination générique, l'autre étant souvent prise dans un sens plus étroit, pour désigner le désir de nourriture, autrement dit la *faim* et la *soif*. Et quand l'effort tend à nous éloigner de quelque chose, on l'appelle généralement AVERSION.

THOMAS HOBBES, *Léviathan* (1651), chap. VI, Éd. Sirey, trad. F. Tricaud, 1971, pp. 46-47.

POUR MIEUX COMPRENDRE LE TEXTE

Hobbes commence par distinguer dans ce texte le « mouvement vital » et le « mouvement animal » ou « volontaire » (l. 1-9). Au mouvement vital (l. 2-6) correspondent tous les phénomènes **mécaniques** du vivant, dont Hobbes donne ici des exemples (principalement la circulation du sang). Au contraire, le mouvement animal ou volontaire (l. 6-9) est celui qui nécessite la **conscience**.

Le désir fait partie des mouvements volontaires. C'est un « effort » (**conatus***), c'est-à-dire un commencement de mouvement intérieur au corps, et qui pour être « imperceptible » n'en est pas moins réel (l. 9-24). Il implique la présence de la conscience car en amorçant le mouvement vers un objet, il est finalisé (« vers où », l. 11-12), il engage un calcul des moyens d'y parvenir par la raison (« par où », l. 12), et un travail de l'**imagination** pour représenter l'objet absent (« quoi », l. 12). Le désir s'inscrit également dans la **temporalité** puisque l'imagination est la « pensée antécédente » (l. 11) qui détermine un projet. Cette conscience de la temporalité est spécifique à l'homme (texte 4) et fonde la distinction précédente entre le mouvement vital et le mouvement animal.

Tout mouvement volontaire perceptible (marcher, parler, etc.) procède d'un désir qui l'amorçait, et le prolonge en le réalisant. La différence n'est que spatiale, car mouvement volontaire et désir fonctionnent selon la même **structure** et ne diffèrent que du point de vue de leur échelle (l. 14-20). Ce sont des phénomènes corporels qui mettent en jeu la conscience. Il n'y a donc pas lieu d'opposer appétit et désir (l. 25-30), car le premier n'est qu'un sous-genre du second : l'appétit est un désir spécifié par son objet, à savoir la nourriture.

C'est donc le désir qui structure l'action et nous fait attribuer de la **valeur** aux choses qui nous entourent. Celui-ci institue dans la nature humaine une dynamique permanente qu'il ne s'agit pas de nier, mais de comprendre pour la porter au maximum de son efficacité.

TEXTE 13 **La continuelle marche en avant du désir**

T. HOBBES (1588-1679)

Le désir attestant la dynamique propre de la nature humaine, il est impossible de cesser de désirer autrement qu'en cessant de vivre. Aussi la félicité ne consiste-t-elle pas dans l'absence de désirs, mais dans la poursuite infinie des objets qu'il recherche.

L'appétit ou le désir étant le commencement du mouvement animal qui nous porte vers quelque chose qui nous plaît, la cause finale de ce mouvement est d'en atteindre la fin que nous nommons aussi le *but* ; et lorsque nous atteignons cette fin, le plaisir qu'elle nous cause se nomme *jouissance*. Ainsi le bien (*bonum*) et la fin (*finis*) sont la même chose envisagée diversement.

Parmi les fins, les unes sont nommées *prochaines* et les autres *éloignées* ; mais lorsqu'on compare les fins les plus prochaines avec les plus éloignées, on ne les appelle plus des fins mais des moyens ou des voies pour parvenir. Quant à la fin la plus éloignée dans laquelle les anciens philosophes ont placé la félicité, elle n'existe point dans le monde, et il n'y a pas de voie qui y conduise ; car tant que nous vivons nous avons des désirs, et le désir suppose toujours une fin. Les choses qui nous plaisent comme des moyens ou des voies pour parvenir à une fin sont appelées *utiles* ou *profitables* ; leur jouissance se nomme *usage*, et celles qui ne nous rendent aucun profit s'appellent *vaines*.

Puisque nous voyons que tout plaisir est appétence et suppose une fin ultérieure, il ne peut y avoir de contentement qu'en continuant d'appéter. Il ne faut donc pas être émerveillés que les désirs des hommes aillent en augmentant à mesure qu'ils acquièrent plus de richesses, d'honneurs ou de pouvoir ; et qu'une fois parvenus au plus haut degré d'un pouvoir quelconque, ils se mettent à la recherche de quelque autre tant qu'ils se jugent inférieurs à quelque autre homme. Voilà pourquoi, parmi ceux qui ont joui de la puissance souveraine, quelques-uns ont affecté de se rendre éminents dans les arts. C'est ainsi que Néron s'est adonné à la musique et à la poésie ; l'empereur Commode s'est fait gladiateur [...]. C'est avec raison que les hommes éprouvent du chagrin quand ils ne savent que faire. Ainsi la félicité, par laquelle nous entendons le plaisir continuel, ne consiste point à avoir réussi mais à réussir.

THOMAS HOBBES, *De la nature humaine* (1640), VII, § 4-6, Éd. Actes Sud, coll. « Babel », trad. Baron d'Holbach, 1997, pp. 54-55.

POUR MIEUX COMPRENDRE LE TEXTE

Le désir est un mouvement **finalisé**, son but étant la jouissance procurée par la possession d'un objet. Il y a identité entre l'amour et le désir, ou encore entre le bien et la fin (l. 1-6). Seules la présence ou l'absence de l'objet permettent de les distinguer : désirer parvenir à une fin ou aimer la possession d'un bien sont « la même chose envisagée » différemment selon le temps.

Cependant, à l'égard de **fins** fondamentales mais « éloignées », car difficiles à réaliser, certaines plus faciles à atteindre (plus « prochaines ») ne sont que des **moyens** pour y parvenir (l. 7-10). C'est ce qu'avaient fait valoir les « anciens philosophes » (l. 11), en montrant que le Souverain Bien était le but ultime de toutes nos actions, auquel toute autre activité est subordonnée : ce désir pose une « fin éloignée » pour laquelle d'autres désirs, comme celui d'être en bonne santé ou d'avoir une responsabilité politique, ne sont que des moyens (l. 10-17).

Hobbes veut critiquer cette conception en montrant que les Anciens ont placé cette « félicité » dans une ambition totalement illusoire, car incompatible avec la nature de l'homme : l'absence de désir dans l'idéal d'**ataraxie*** (textes 7 et 18). Or, il ne peut y avoir de félicité qu'en continuant de désirer (l. 19-20), car la vie est comparable à une course où la félicité consiste à « surpasser continuellement celui qui précédait », mais où « abandonner la course, c'est mourir ». C'est pour cette raison que la félicité ne peut consister à « avoir réussi » (l. 32), car la seule manière de terminer la course est la mort. La seule victoire possible consiste à « réussir » (l. 32), et donc à continuer la course quoi qu'il arrive.

Les désirs des hommes vont en augmentant à mesure qu'ils en réalisent de nouveaux (l. 18-32). L'exemple de Néron et de Commode, qui jouissaient d'un pouvoir absolu (l. 27-29), montre qu'il n'est pas de désirs futiles, car ce n'est pas l'objet atteint qui importe, mais l'affirmation toujours plus grande de sa propre **puissance**. Il est dans la nature humaine de s'abandonner à cette course au pouvoir, à ce désir de dominer les autres, ce qui posera chez Hobbes la nécessité d'un règlement **politique**.

TEXTE 14 Le désir est l'essence de l'homme

B. SPINOZA (1632-1677)

Spinoza montre ici que l'homme est un être de désir qui se définit de façon dynamique par son « effort » pour « persévérer dans l'être », c'est-à-dire pour conserver et accroître sa puissance d'agir. Le désir ne se subordonne pas au bien, c'est lui au contraire qui est créateur de toute valeur pour l'homme.

Chaque chose, autant qu'il est en elle[1], s'efforce de persévérer dans son être. […]

L'effort par lequel chaque chose s'efforce de persévérer dans son être n'est rien en dehors de l'essence actuelle de cette chose. […]

L'Âme, en tant qu'elle a des idées claires et distinctes, et aussi en tant qu'elle a des idées confuses, s'efforce de persévérer dans son être pour une durée indéfinie et a conscience de son effort. […]

Cet effort, quand il se rapporte à l'Âme seule, est appelé *Volonté* ; mais, quand il se rapporte à la fois à l'Âme et au Corps, est appelé *Appétit* ; l'appétit n'est par là rien d'autre que l'essence même de l'homme, de la nature de laquelle suit nécessairement ce qui sert à sa conservation ; et l'homme est ainsi déterminé à le faire. De plus, il n'y a nulle différence entre l'Appétit et le Désir, sinon que le désir se rapporte généralement aux hommes, en tant qu'ils ont conscience de leurs appétits, et peut, pour cette raison, se définir ainsi : *le Désir est l'Appétit avec conscience de lui-même*. Il est donc établi par tout cela que nous ne nous efforçons à rien, ne voulons, n'appétons et ne désirons aucune chose, parce que nous la jugeons bonne ; mais, au contraire, nous jugeons qu'une chose est bonne parce que nous nous efforçons vers elle, la voulons, appétons et désirons.

BARUCH SPINOZA, *Éthique* (1675), III, prop. VI-IX et scolie,
Éd. Flammarion, coll. « G.F. », trad. Ch. Appuhn,
1965, pp. 142-145.

1. C'est-à-dire autant qu'il lui est possible, autant qu'elle peut.

POUR MIEUX COMPRENDRE LE TEXTE

Chaque chose fait toujours un « effort » (conatus*) pour persévérer dans son être, c'est-à-dire produit un **effort** existentiel pour se conserver et accroître sa puissance (l. 1-2). Elle exprime une partie de la puissance de Dieu et, en ce sens, n'a rien en elle par quoi elle pourrait être détruite : rien de ce qui est en elle n'est contre elle, tout y tend à sa conservation et à l'augmentation de sa puissance.

Chaque chose produit cet effort « autant qu'il est en elle », c'est-à-dire selon sa **puissance d'être**, mais ni plus ni moins, parce que cet effort qualifie proprement ce qu'elle est, il n'est rien d'autre que son « essence actuelle » (l. 3-4), ce qu'elle est en acte (ce qui existe réellement, par opposition à ce qui est « en puissance », seulement susceptible d'exister).

Spinoza donne une définition **dynamique** de l'homme en identifiant son âme et ce désir d'accroître sa puissance d'agir de façon « indéfinie » (l. 6-8). Aucune limite temporelle ne l'entrave, et la mort vient toujours des causes extérieures. Ce désir n'est pas seulement désir de conservation (puisqu'il s'agit pour chaque être d'accroître sa puissance d'agir), ni de possession (puisque la joie qui résulte de la possession d'un bien se définit comme conscience d'un accroissement de la puissance intérieure d'exister) : c'est un **désir d'être**, non pas de survivre ou de posséder.

Désir, volonté et appétit sont bien la même chose, le même **effort**, mais envisagé de points de vue différents (l. 10-19), de même que le corps et l'âme expriment la même essence respectivement sous les attributs de l'étendue et de la pensée. L'idée d'une volonté libre qui pourrait venir s'opposer à l'appétit n'est qu'une illusion puisque tous deux se rangent sous la dénomination générale du désir.

Enfin, puisque l'homme est d'abord un **être de désir** et non pas un sujet de la connaissance ou de la morale, l'essence de l'esprit est d'être désir. Le désir est coextensif à l'esprit, il est donc toujours conscient, et détermine tout jugement de connaissance ou de valeur (l. 19-23). Ce texte illustre le renversement moderne qui consiste à montrer que c'est le désir qui crée les **valeurs**, et non la valeur qui détermine le désir. Pour les Anciens, le désir résulte de l'amour ; pour les Modernes, c'est l'inverse.

TEXTE 15 Le désir est révolutionnaire

G. DELEUZE (1925-1995)

Deleuze montre ici que le désir est créateur, en ce sens qu'il structure des flux d'énergie d'une manière productive, voire « révolutionnaire ». Il critique donc la psychanalyse qui, comme le moralisme qu'elle rejette pourtant, assimile toujours le désir à un manque et le comprend en référence à la maladie.

Contre la psychanalyse nous n'avons dit que deux choses : elle casse toutes les productions de désir, elle écrase toutes les formations d'énoncés. Par là, elle brise l'agencement sur ses deux faces, l'agencement machinique de désir, l'agencement collectif d'énonciation. Le fait est que la psychanalyse parle beaucoup de l'inconscient, elle l'a même découvert. Mais pratiquement, c'est toujours pour le réduire, le détruire, le conjurer. L'inconscient est conçu comme un négatif, c'est l'ennemi. « *Wo es war, soll Ich werden.* » On a beau traduire : là où c'était, là comme sujet dois-je advenir – c'est encore pire (y compris le « *soll* », cet étrange « devoir au sens moral »). […] Des désirs, il y en a toujours trop, pour la psychanalyse : « pervers polymorphe ». On vous apprendra le Manque, la Culture et la Loi. […]

Nous disons au contraire : l'inconscient, vous ne l'avez pas, vous ne l'avez jamais, ce n'est pas un « c'était » au lieu duquel le « Je » doit advenir. Il faut renverser la formule freudienne. L'inconscient, vous devez le produire. […] L'inconscient, c'est une substance à fabriquer, à faire couler, un espace social et politique à conquérir. Il n'y a pas de sujet du désir, pas plus que d'objet. Il n'y a pas de sujet d'énonciation. Seuls les flux sont l'objectivité du désir lui-même. Le désir est le système des signes a-signifiants avec lesquels on produit des flux d'inconscient dans un champ social. Pas d'éclosion de désir, en quelque lieu que ce soit, petite famille ou école de quartier, qui ne mette en question les structures établies. Le désir est révolutionnaire parce qu'il veut toujours plus de connexions et d'agencements. Mais la psychanalyse coupe et rabat toutes les connexions, tous les agencements, elle hait le désir, elle hait la politique.

GILLES DELEUZE, *Dialogues avec Claire Parnet* (1995),
Éd. Flammarion, coll. « Champs »,
1996, pp. 95-97.

POUR MIEUX COMPRENDRE LE TEXTE

Selon Deleuze, la **psychanalyse** est considérée à tort comme une entreprise de libération du désir, alors qu'elle vise à sa destruction (elle « casse », elle « écrase », elle « brise », l. 1-3). Elle renonce certes à assimiler le désir au **mal**, elle veut comprendre plus que juger. Mais elle prétend aussi guérir, comme si le désir devait nécessairement se manifester sous forme de maladies, plus précisément de névroses (l. 1-13). En ce sens, elle ne fait que reproduire le schéma classique de la philosophie qui considère le désir comme un **manque** (l. 13) ou une souffrance qu'il faudrait combattre : elle n'accepte de découvrir le désir qu'à condition de le « réduire », de le « détruire », de le « conjurer » (l. 7).

Il ne faut pas, en réalité, définir le désir par son objet, mais comme une **énergie** (un « flux », l. 20) dont l'orientation n'est pas fixée par avance : le sens du désir ne se situe pas non plus dans le sujet qui éprouve, mais dans la série des **signes** qu'il produit (l. 17-23). Par exemple, le désir d'un enfant pour sa mère (modèle de l'inconscient freudien) ne révèle pas seulement un manque, mais il remet radicalement en cause la **structure** rigide de l'interdit. Désirer, c'est provoquer l'apparition d'une nouvelle configuration dans le rapport que nous établissons avec les autres. C'est pourquoi le désir est **révolutionnaire** (l. 23-28) : il substitue, dans la violence, une structure à une autre ; il renverse l'ordre établi en posant une nouvelle valeur.

TEXTE 16

Désir et droit de nature

B. SPINOZA (1632-1677)

Qu'il soit engendré par la raison, c'est-à-dire par notre propre nature, ou par les causes extérieures, le désir est toujours le mouvement par lequel nous nous efforçons d'exercer et de déployer notre puissance d'agir, ce qui définit le droit naturel, et que l'instauration du droit dans la société ne saurait abolir.

Par droit de nature, donc, j'entends les lois mêmes ou règles de la Nature suivant lesquelles tout arrive, c'est-à-dire la puissance même de la nature. Par suite le droit naturel de la Nature entière et conséquemment de chaque individu s'étend jusqu'où va sa puissance, et donc tout ce que fait un homme suivant les lois de sa propre nature, il le fait en vertu d'un droit de nature souverain, et il a sur la nature autant de droit qu'il a de puissance.

Si donc la nature humaine était disposée de telle sorte que les hommes vécussent suivant les seules prescriptions de la raison, et si tout leur effort tendait à cela seulement, le droit de nature, aussi longtemps que l'on considérerait ce qui est propre au genre humain, serait déterminé par la seule puissance de la raison. Mais les hommes sont conduits plutôt par le désir aveugle que par la raison, et par suite la puissance naturelle des hommes, c'est-à-dire leur droit naturel, doit être défini non par la raison mais par tout appétit qui les détermine à agir et par lequel ils s'efforcent de se conserver. Je l'avoue à la vérité, ces désirs qui ne tirent pas leur origine de la raison, sont non pas tant des actions que des passions humaines. Mais comme il s'agit ici de la puissance universelle de la nature, qui est la même chose que le droit de nature, nous ne pouvons reconnaître en ce moment aucune différence entre les désirs que la raison engendre en nous, et ceux qui ont une autre origine : les uns et les autres en effet sont des effets de la nature et manifestent la force naturelle par où l'homme s'efforce de persévérer dans son être. Qu'il soit sage ou insensé, l'homme est toujours une partie de la nature, et tout ce par quoi il est déterminé à agir doit être rapporté à la puissance de la nature en tant qu'elle peut être définie par la nature de tel ou tel homme. Qu'il soit conduit par la raison ou par le seul désir, l'homme en effet ne fait rien qui ne soit conforme aux lois et aux règles de la nature, c'est-à-dire en vertu du droit de nature.

BARUCH SPINOZA, *Traité politique*, II, § 4-5 (inachevé), Éd. Flammarion, coll. « G.F. », trad. Ch. Appuhn, 1966, t. 4, pp. 16-17.

POUR MIEUX COMPRENDRE LE TEXTE

Le « droit de nature » ou « **droit naturel** », c'est-à-dire ce que l'individu est en droit de faire dans le cadre des règles de la nature pour agir et se conserver, est identifié à la sphère d'exercice de sa « puissance » naturelle, autrement dit : tout ce qu'il est capable de faire (l. 1-7).

Qu'il soit raisonnable ou insensé, l'individu a le droit naturel d'exercer au maximum sa **puissance** pour persévérer dans son être, et cela par l'entremise du désir (l. 8-32) qui, nous faisant nous « efforcer » vers une chose, nous la fait juger bonne (texte 14).

Certains désirs sont engendrés par la raison tandis que d'autres sont « aveugles » (l. 8-17) : les premiers sont des **actions**, car ils découlent adéquatement de notre nature propre ; les seconds sont des **passions** car ils dépendent en définitive de l'action des causes extérieures sur nous (l. 17-19). L'homme étant une partie de la nature (l. 19-25), il est sujet à l'influence d'autres puissances dont il ne saisit pas toujours ni la force ni le sens.

Aussi la condition naturelle des hommes est-elle la servitude passionnelle. Par le développement de la **raison**, le désir se comprend comme essence de l'homme et comme désir de **connaissance** afin de déployer sa propre nature. La société n'abolit pas le droit naturel, elle n'en est que la continuation (l. 25-32), mais elle concourt à rendre le désir conforme à la raison, donc à l'amener à sa vérité de principe d'action et non de servitude.

TEXTE 17

L'insociable sociabilité

E. KANT (1724-1804)

En traitant ici du rôle de « l'insociable sociabilité » dans l'histoire, Kant montre la positivité du désir qui peut être pensé comme moteur de la civilisation, en ce sens qu'il force les hommes à instaurer des lois.

Le moyen dont se sert la nature pour mener à bien le développement de toutes ses dispositions est leur « antagonisme » dans la Société, pour autant que celui-ci se révèle être cependant en fin de compte la cause d'un ordre légal de celle-ci. J'entends ici par antagonisme *l'insociable sociabilité* des hommes, c'est-à-dire leur tendance à entrer en société, tendance cependant liée à une constante résistance à le faire qui menace sans cesse de scinder cette société. Cette disposition réside manifestement dans la nature humaine. L'homme possède une inclination à *s'associer*, car dans un tel état il se sent plus homme, c'est-à-dire ressent le développement de ses dispositions naturelles. Mais il a aussi une forte tendance à se *singulariser* (s'isoler), car il rencontre en même temps en lui-même ce caractère insociable qu'il a de vouloir tout diriger seulement selon son point de vue ; par suite, il s'attend à des résistances de toute part, de même qu'il se sait lui-même enclin de son côté à résister aux autres. Or, c'est cette résistance qui éveille toutes les forces de l'homme, qui le conduit à surmonter sa tendance à la paresse et, sous l'impulsion de l'ambition, de la soif de domination ou de la cupidité, à se tailler un rang parmi ses compagnons qu'il supporte peu volontiers, mais dont il ne peut pourtant pas non plus se passer. Or c'est précisément là que s'effectuent véritablement les premiers pas qui mènent de l'état brut à la culture, laquelle réside au fond dans la valeur sociale de l'homme. […] Sans ces qualités, certes en elles-mêmes peu sympathiques, d'insociabilité, d'où provient la résistance que chacun doit nécessairement rencontrer dans ses prétentions égoïstes, tous les talents resteraient à jamais enfouis dans leurs germes au milieu d'une existence de bergers d'Arcadie, dans un amour mutuel, une frugalité et une concorde parfaites : les hommes, doux comme les agneaux qu'ils font paître, n'accorderaient guère plus de valeur à leur existence que n'en a leur bétail. […] Que la nature soit donc remerciée pour ce caractère peu accommodant, pour cette vanité qui rivalise jalousement, pour ce désir insatiable de posséder ou même de dominer.

EMMANUEL KANT, *Idée d'une histoire universelle au point de vue cosmopolitique* (1784), prop. 4, Éd. Gallimard, coll. « Folio », trad. L. Ferry, 1985, pp. 482-483.

POUR MIEUX COMPRENDRE LE TEXTE

On pense souvent que la **société** a pour but de limiter ou de corriger les inclinations sensibles et les désirs passionnels des **individus**. Mais on oublie que ces inclinations sont à l'origine de l'association des hommes entre eux (l. 1-11). L'homme est naturellement tenté de s'isoler, de cultiver sa propre singularité, d'être égoïste (l. 11-16).

La conscience de cette **insociabilité** (la leur, en propre, et celle des autres) amène donc les hommes à établir des **règles** d'association. C'est la fragilité de l'homme qui l'oblige à se mettre en rapport avec les autres. Il est un être de besoin ; et c'est la nature (comprise ici comme l'ensemble des désirs sensibles) qui le force à entrer en société. L'homme est donc un être paradoxal puisque deux tendances naturelles s'opposent en lui : il désire être seul au monde, mais il constate chaque jour sa dépendance (l. 4-16) ; il ne peut pas se passer des autres pour survivre (l. 21), même s'il s'attend à ce que les autres « résistent » à ses désirs (l. 15).

L'homme qui rencontre des **obstacles** à ses désirs est conduit à les surmonter (l. 16-34) : même si ces désirs ne sont pas toujours louables (« ambition », « soif de domination », « cupidité », l. 19), c'est grâce à eux que les hommes surmontent leur « tendance à la paresse » (l. 18) et se distinguent des animaux. L'insociable sociabilité est ainsi à l'origine des sociétés humaines. La **culture** ne s'oppose pas à la **nature**, ni la loi au désir, c'est au contraire la nature et les désirs qui nous invitent à nous civiliser. Il ne faut donc pas se plaindre des conflits par lesquels l'histoire des hommes progresse, ils sont la condition de ce **progrès**. Le désir, s'il ne permet pas d'orienter l'action morale, possède toutefois une valeur positive puisque c'est par lui que nous sommes forcés de faire ce que la raison nous commande par ailleurs (nous unir en une société libre).

Kant refuse donc de considérer que le désir doit orienter notre conduite, mais il le prend comme un fait de la nature humaine ; ce qu'il constate dès lors, c'est que le désir est un moteur inépuisable (« insatiable », l. 34) et indispensable de notre **action**.

4 Le désir et la loi

Dans les conduites individuelles et collectives, le désir ne peut pas ne pas entrer en contradiction avec d'autres instances de décision et, en particulier, avec la *loi*. Pourquoi ? Parce que le désir est toujours singulier, subjectif, alors que la loi est nécessaire et universelle (elle doit s'appliquer à tous de la même manière).

Désir et loi ont pourtant une structure commune en ce qu'ils sont *prescriptifs* : ils indiquent tous deux des conduites à tenir, des choix à opérer. C'est à ce niveau qu'ils peuvent concrètement entrer en contradiction. Le problème est donc d'abord d'ordre moral : il s'agit de savoir à quelle instance se référer pour agir.

Le rapport entre désir et loi s'inscrit dans celui, plus fondamental, entre *sensibilité* et *raison*. La question est de savoir si une intervention extérieure de la loi sur les désirs, pour les limiter et les orienter, est nécessaire et, surtout, si elle est philosophiquement légitime.

Mesure et démesure du désir

Le rapport du désir et de la loi est d'abord celui d'une *mesure*, d'une évaluation, par la raison, des orientations subjectives. En grec, *logos* (« raison ») signifie aussi « proportion » : il s'agit donc de ramener le désir à une mesure acceptable, c'est-à-dire conforme à la nature, afin de bien vivre. C'est le projet d'Épicure (texte 18), pour qui l'intervention rationnelle consiste en une triple distinction entre désirs naturels et nécessaires, désirs naturels non nécessaires, et désirs ni naturels ni nécessaires.

Le problème n'est ici que d'ordre technique, puisqu'il s'agit de faire en sorte que le désir n'entre pas en contradiction avec lui-même, car à force de tout désirer, on ne peut non seulement rien obtenir, mais on méconnaît aussi la nature du désir : le désir de tout n'a rien d'un désir. À l'opposé, un désir conforme à la nature étant toujours le résultat d'un besoin d'ordre physique, il est toujours susceptible d'être comblé.

La loi est alors en quelque sorte l'instrument du désir. Elle ne s'oppose pas à lui, mais à sa *démesure* potentielle. Or, cela repose sur l'idée que le désir n'est pas démesuré par nature, puisque bien au contraire il est la mesure du bien-vivre en tant et seulement en tant qu'il est naturel. Le désir n'est jamais démesuré que du fait de l'*opinion*, tandis que revenir à son origine corporelle et s'y tenir suffit pour bien faire et surtout bien vivre.

Contre cette idée, Platon montre que le désir sensible est intrinsèquement démesuré, et que celui qui cherche sa satisfaction se condamne à remplir le « tonneau des Danaïdes », alors que celui-ci est percé (*Gorgias*). Cette essence démesurée du désir a des conséquences morales, puisqu'on assiste à un combat intérieur entre la partie rationnelle de l'âme, qui pose la loi, et la partie désirante, qui se refuse à lui obéir. Le mythe de l'attelage dans le *Phèdre* (texte 19) montre que dans ce combat, un recours à la *force* est nécessaire pour rendre la loi effective, mais seule la raison est à même, parce qu'elle connaît le Bien, de dicter au désir ses limites.

Dans le *Gorgias*, Calliclès s'oppose à Socrate sur ce point, en identifiant la force au désir : la loi n'est qu'une *convention* imposée par la masse des faibles. Il assume et revendique la démesure du désir comme l'expression même d'une vie conquérante et véritable contre le pseudo-bonheur du sage, comparable à celui d'une pierre ou d'un cadavre (texte 20). Il oppose, à l'idée de suprématie de la loi de la raison, l'idée de vertu comme excellence et comme puissance de satisfaire ses passions individuelles, montrant ainsi que le dérèglement est le seul moyen d'accéder au bonheur.

Ce type de discours confirme en définitive contre lui-même que la loi doit répondre à l'*arbitraire* du désir, lequel empiète nécessairement sur celui des autres. En effet, c'est le règne de la violence et de l'impunité qui se trouve légitimé par le biais de l'apologie de la force du désir. Cela confirme implicitement l'idée selon laquelle l'infini du désir individuel nécessite un règlement politique (texte 13) : dans cette perspective, le propre de la loi est d'être transcendante* au désir, c'est-à-dire de le « régler », de le limiter ou de le nier de l'extérieur.

Désir et liberté

On peut se demander si, en fait, la loi n'est pas plutôt un effet du désir. Plus précisément, elle serait l'effet du refoulement dans l'*inconscient* de certains désirs irréalisables : la psychanalyse montre ainsi la genèse de la loi à partir des désirs. Pour Freud, le surmoi* est un produit du ça*, et la notion de loi rejoint en dernière analyse celle d'interdit (texte 21). La mise en évidence de cette genèse psychique permet également de critiquer le moralisme qui prétend combattre la démesure du désir, alors qu'il n'en est que l'effet. Toute la vie psychique est faite de l'étoffe de nos désirs et de nos renoncements.

Le désir n'est donc pas en contradiction avec la *liberté*. Dans cette perspective, il n'y a pas de libération souhaitable à l'égard de nos désirs mais seulement de nos névroses, dont la loi morale peut être une expression. Celui qui condamne le désir satisfait encore un désir sans clairement s'en rendre compte. Le but de la psychanalyse est précisément l'accès à une certaine transparence du sujet à lui-même.

Mais a-t-on épuisé le sens de l'obligation morale en la ramenant à un « destin de pulsion », c'est-à-dire en expliquant comment elle se forme à partir de certains désirs ? On en reste surtout à une figure du *déterminisme* dans laquelle la pensée même d'une vie morale semble compromise : si toutes nos actions ne sont motivées que par des désirs, elles arrivent toutes selon la nécessité, et il n'y a plus de place pour un choix moral, car la liberté n'est alors plus pensable.

L'analyse kantienne de la moralité montre qu'on a affaire à une alternative entre le déterminisme des désirs, qui exclut toute moralité, et la morale de la raison (texte 22). La distinction opérée entre le désir et la loi nous renvoie à la distinction entre *nature* et *liberté*. En effet, le désir appartient à la nature puisqu'il nous met en relation avec le monde extérieur. La question, dans un cadre moral, est de savoir si le fait de suivre ses désirs suffit à bien agir : le désir doit-il être notre seul mobile d'action ? Kant répond négativement en montrant que la raison (qui s'oppose aux désirs sensibles) nous fournit, par elle seule, un pouvoir de décision. Il n'est donc pas nécessaire de désirer quelque chose pour le faire, et chacun reconnaît que l'on a plus de mérite à agir de manière désintéressée.

Si la raison peut déterminer par elle-même la volonté, cela signifie en termes kantiens que seule la *forme* de la loi morale doit déterminer la volonté indépendamment de toute *matière* de la faculté de désirer : le simple respect pour la loi morale doit l'emporter sur toute autre considération, indépendamment de nos désirs. Il s'agit de se conformer à l'*impératif catégorique* (« Agis de telle sorte que la maxime de ta volonté puisse toujours valoir en même temps comme principe d'une législation universelle[1] ») éventuellement contre nos désirs lorsqu'ils se trouvent en contradiction avec cet impératif. Le désir doit se subordonner à la loi morale parce que les impératifs techniques (règles de l'habileté) et pragmatiques (conseils de la prudence) ne sont que des *impératifs hypothétiques* : ce sont des préceptes soumis à condition puisque l'action n'y est nécessaire que comme moyen en vue d'une fin consistant par exemple à satisfaire un désir. Ils doivent se subordonner inconditionnellement à l'impératif catégorique, qui seul nous donne des commandements. Ce dernier doit être notre unique principe d'action, car les conseils de prudence dans la recherche du bonheur ne définissent en aucune manière la moralité.

Cela n'aboutit nullement à une condamnation du désir. On ne peut, en effet, juger ou condamner que ce qui relève d'un *choix*. Or le désir appartenant à notre nature sensible, nous ne sommes jamais responsables du fait de désirer, mais nous le sommes de choisir de ne pas obéir *uniquement* à nos désirs. Kant introduit donc une distinction

---

1. E. Kant, *Critique de la raison pratique*, Éd. PUF, coll. « Quadrige », trad. F. Picavet, 1989, p. 30.

formelle entre le raisonnable et le pathologique, le raisonnable étant entendu non plus comme une connaissance théorique (chapitre 2), mais comme la conscience du devoir. En opérant cette distinction, Kant oppose ce qui est de l'ordre de la *volonté* et ce qui ne relève que du *sentiment*. Le désir n'a ni structure autonome ni fonction – sauf dans l'histoire (texte 17) : il est la nature en l'homme, ni plus ni moins. Or, cette nature doit se subordonner, lorsqu'elle lui est contraire, à la loi émanant de la raison.

TEXTE 18 La classification des désirs

ÉPICURE (341-270 AV. J.-C.)

Selon la nature, le désir est limité : seule l'âme est susceptible de déraisonner, et non le corps. Il faut donc, pour atteindre le bonheur défini par l'ataraxie (absence de troubles), distinguer les désirs et leur donner la satisfaction qu'ils méritent en revenant à la mesure définie par la nature.*

Maintenant, il faut parvenir à penser que, parmi les désirs, certains sont naturels, d'autres sont vains. Parmi les désirs naturels, certains sont nécessaires, d'autres simplement naturels. Parmi les désirs nécessaires, les uns le sont pour le bonheur, d'autres pour le calme du corps, d'autres enfin simplement pour le fait de vivre. En effet, une vision claire de ces différents désirs permet à chaque fois de choisir ou de refuser quelque chose, en fonction de ce qu'il contribue ou non à la santé du corps et à la sérénité de l'âme, puisque ce sont ces deux éléments qui constituent la vie heureuse dans sa perfection. Car nous n'agissons qu'en vue d'un seul but : écarter de nous la douleur et l'angoisse. Lorsque nous y sommes parvenus, les orages de l'âme se dispersent, puisque l'être vivant ne s'achemine plus vers quelque chose qui lui manque, et ne peut rien rechercher de plus pour le bien de l'âme et du corps. En effet, nous ne sommes en quête de plaisir que lorsque nous souffrons de son absence. Mais quand nous n'en souffrons pas, nous ne ressentons pas le manque de plaisir.

ÉPICURE, *Lettre à Ménécée*, § 127-128, Éd. Hatier, coll. « Les classiques Hatier de la philosophie », trad. P. Pénisson, 1999, pp. 10-11.

POUR MIEUX COMPRENDRE LE TEXTE

La classification opérée par Épicure dégage trois grandes familles de désirs :

– Les **désirs naturels et nécessaires** (l. 3-6) tendent à l'apaisement d'une douleur. Leur satisfaction est vitale mais aisée, et elle produit l'équilibre du corps, donc de l'âme également. Les désirs naturels peuvent être nécessaires à la vie même (faim, soif, etc.), au bien-être du corps (vêtements, abris, etc.) ou au bonheur (philosophie, amitié).

– Les **désirs naturels mais non nécessaires** (« simplement naturels », l. 3) font varier la volupté, mais doivent être l'objet d'un usage modéré. Ce sont principalement le désir sexuel et le désir de contempler des belles choses, c'est-à-dire le désir esthétique.

– Les **désirs ni naturels ni nécessaires** sont les désirs « vains » (l. 2) qui détruisent toujours l'équilibre du corps et de l'âme, car étant illimités par nature, ils ne sont susceptibles ni d'un usage modéré ni d'une satisfaction possible. Il s'agit avant tout du désir d'immortalité, mais aussi du désir de gloire et autres passions sociales.

C'est en fonction de la classification opérée qu'il faudra « choisir » ou « refuser » telle ou telle chose (l. 7). Le but d'atteindre la vie bienheureuse (« heureuse dans sa perfection ») suppose l'**absence de troubles** dans l'âme et dans le corps (l. 6-10). Aussi Épicure propose-t-il pour le sage un idéal d'autarcie : le manque est une forme de douleur qui trouble l'âme (l. 10-17). Il s'attache à conjurer l'angoisse (l. 11), c'est-à-dire la crainte de la mort (qui n'est rien pour nous) et celle des dieux (qui sont indifférents).

D'une manière générale, moins ils sont nécessaires, plus les désirs sont difficiles à contenter. S'abandonner au désir vain, formé par l'**opinion** et non exprimé par le corps, c'est se condamner à le poursuivre à l'infini en méconnaissant la limite immanente* du désir naturel : c'est sortir du désir pour s'assujettir à l'opinion. C'est se tromper sur la nature du désir, mais c'est aussi se tromper sur la nature de la vie bienheureuse, car le plaisir ne peut jamais être plus intense que lorsqu'il correspond à l'élimination de toute douleur, c'est-à-dire à l'**ataraxie***.

TEXTE 19 Le mythe de l'attelage

PLATON (≈ 427-347 AV. J.-C.)

Le mythe platonicien est un récit imaginaire qui a pour fonction de présenter dans l'intuition la vérité que saisit la raison. Ici, il s'agit de se représenter, sous forme imagée, la division de l'âme en trois instances (le principe intellectif, le principe irascible et le principe concupiscible), et de savoir quelle hiérarchie doit prévaloir entre elles.

Au commencement de ce mythe, nous avons, dans chaque âme, distingué trois éléments : deux qui ont la forme d'un cheval, et un troisième qui a l'aspect d'un cocher. Gardons en tête cette image. Voici donc que, de ces chevaux, l'un, disons-nous, est bon, et l'autre, non. Mais nous n'avons pas expliqué en quoi consiste l'excellence du bon ou le vice du mauvais : c'est ce qu'il faut dire à présent. Eh bien, le premier des deux, celui qui tient la meilleure place, a le port droit, il est bien découplé, il a l'encolure haute, la ligne du naseau légèrement recourbée ; sa robe est blanche, ses yeux sont noirs, il aime l'honneur en même temps que la sagesse et la pudeur, il est attaché à l'opinion vraie ; nul besoin, pour le cocher, de le frapper pour le conduire, l'encouragement et la parole suffisent. Le second, au contraire, est de travers, massif, bâti on ne sait comment ; il a l'encolure épaisse, sa nuque est courte et sa face camarde ; sa couleur est noire et ses yeux gris injectés de sang, il a le goût de la démesure et de la vantardise ; ses oreilles sont velues, il est sourd et c'est à peine s'il obéit au fouet garni de pointes. Lors donc que le cocher, voyant apparaître l'objet de son amour et sentant la chaleur qui s'est répandue dans toute son âme, s'est laissé envahir par le chatouillement et les aiguillons (du désir), alors celui des chevaux qui obéit au cocher, se contraint comme toujours à la pudeur et se retient de bondir sur l'aimé. Mais l'autre, qui ne se soucie plus ni de l'aiguillon du cocher ni des pointes du fouet, s'élance d'un bond violent, donnant toutes les peines du monde à son compagnon d'attelage et à son cocher, et il les contraint à se porter vers le garçon et à lui rappeler combien sont délicieux les plaisirs d'Aphrodite. Au début, tous deux résistent, et s'indignent qu'on les oblige à faire quelque chose de terrible et qui est contraire à la loi. Mais à la fin, quand le mal ne connaît plus de bornes, ils se laissent entraîner et consentent à faire ce à quoi on les invite.

PLATON, *Phèdre* (≈ 370 av. J.-C.), 253c-254b, Éd. Flammarion, coll. « G.F. », 1989, trad. L. Brisson, pp. 128-129.

POUR MIEUX COMPRENDRE LE TEXTE

Platon présente dans ce mythe un combat entre les trois instances distinguées dans l'**âme** (l. 1-18) :

– Le cocher représente le **principe intellectif** (*noùs*), qui en vertu de sa connaissance du Bien doit présider aux orientations de l'âme malgré les sollicitations incessantes du corps (texte 7).

– Le cheval blanc représente le principe du courage (*thumos*) ou **principe irascible**, dont la fonction est de donner à l'âme la force d'imposer cette connaissance du Bien, donc la loi, contre l'indiscipline du désir sensible (l. 7-13).

– Le cheval noir enfin (l. 13-18) représente le principe désirant ou **principe concupiscible** (*épithumétikon*), c'est-à-dire cette partie de l'âme qui se trouve « clouée » au corps et qu'il s'agit de discipliner par l'action conjointe des deux autres principes. Ce cheval est intempérant car « sourd » aux ordres du principe intellectif et à peine sensible au « fouet », c'est-à-dire à la force du principe irascible (l. 18). Et surtout, il a le goût de la démesure et de la vantardise : le désir est par nature démesuré, infini, et ne considère rien d'autre que lui-même.

Chez Platon, l'enjeu de la maîtrise du désir est donc essentiellement moral, mais aussi politique, car cette conception de l'âme est constituée sur le modèle du fonctionnement de la **Cité** parfaite : celle où les philosophes seront rois, ou les rois philosophes, c'est-à-dire celle où le principe dirigeant sera non pas les désirs insatiables de la foule, mais l'intelligence de ceux qui connaissent le **Bien**. Les hommes de cœur, ou de courage, en seraient les gardiens (la force), tandis que les autres, qui s'abandonnent aux désirs du ventre, n'en seraient que les producteurs.

Dans l'âme comme dans la Cité, il s'agit de garder le désir en respect, de lui tenir la bride, pour qu'il n'impose pas sa **démesure** et le mal sans bornes qui s'ensuit : tout consentement au désordre est un abandon de la connaissance de la **loi** au profit d'un déchaînement des passions (l. 18-31).

TEXTE 20 Doit-on « laisser aller ses propres passions » ?

PLATON (≈ 427-347 AV. J.-C.)

En opposant ici la nature à la convention, Calliclès veut montrer contre Socrate que la loi imposée par la raison n'est que le produit de la masse des faibles, c'est-à-dire de ceux qui sont incapables de satisfaire leurs passions. La véritable vertu consiste à mettre son courage et son intelligence non pas au service de cette loi mais à celui de l'assouvissement débridé de tous nos désirs.

CALLICLES. — Veux-tu savoir ce que sont le beau et le juste selon la nature ? Hé bien, je vais te le dire franchement ! Voici, si on veut vivre comme il faut, on doit laisser aller ses propres passions, si grandes soient-elles, et ne pas les réprimer. Au contraire, il faut être capable de mettre son courage et son intelligence au service de si grandes passions et de les assouvir avec tout ce qu'elles peuvent désirer. Seulement, tout le monde n'est pas capable, j'imagine, de vivre comme cela. C'est pourquoi la masse des gens blâme les hommes qui vivent ainsi, gênée qu'elle est de devoir dissimuler sa propre incapacité à le faire. La masse déclare donc bien haut que le dérèglement [...] est une vilaine chose. C'est ainsi qu'elle réduit à l'état d'esclaves les hommes dotés d'une plus forte nature que celle des hommes de la masse ; et ces derniers, qui sont eux-mêmes incapables de se procurer les plaisirs qui les combleraient, font la louange de la tempérance et de la justice à cause du manque de courage de leur âme. [...] Écoute, Socrate, tu prétends que tu poursuis la vérité, eh bien, voici la vérité : si la facilité de la vie, le dérèglement, la liberté de faire ce qu'on veut, demeurent dans l'impunité, ils font la vertu et le bonheur ! Tout le reste, ce ne sont que des manières, des conventions, faites par les hommes, à l'encontre de la nature. Rien que des paroles en l'air, qui ne valent rien ! [...]

SOCRATE. — Il est donc inexact de dire que les hommes qui n'ont besoin de rien sont heureux.

CALLICLES. — Oui, parce que, si c'était le cas, les pierres et même les cadavres seraient tout à fait heureux !

PLATON, *Gorgias* (≈ 387 av. J.-C.), 491e-492e, Éd. Flammarion, coll. « G.F. », trad. M. Canto, 1987, pp. 230-231.

Pour Calliclès, la vertu n'est pas la tempérance, l'obéissance passive à la loi, mais le **dérèglement**, l'excellence dans l'action d'assouvir le plus possible nos désirs quels qu'en soient les moyens. Elle est identifiée à la capacité de satisfaire jusqu'à ses plus fortes passions (l. 1-16). Aussi faut-il renverser la hiérarchie platonicienne de l'âme (texte 19) : ce n'est pas le courage qu'il faut mettre au service de l'intelligence pour brider les désirs, ce sont les désirs qu'il faut « laisser aller » et poursuivre en y mettant tout son courage et toute son intelligence.

C'est « franchement » (l. 2) que veut parler Calliclès, car cette thèse est réprouvée par la morale commune (l. 8-12). Mais la **morale commune** n'est, selon Calliclès, que celle de la « masse des gens » (l. 9), elle est fabriquée pour tenir en respect les hommes les meilleurs, c'est-à-dire ceux qui sont « dotés d'une plus forte nature » (l. 13), pour se prémunir de leur domination et les réduire en esclavage (l. 12-16). Les faibles, grâce à l'avantage du nombre, transforment pour chacun, y compris les meilleurs, une incapacité à vivre selon ses désirs en une vertu morale qui apparaît d'autant plus méritoire qu'elle est sévère.

Il faut donc, selon Calliclès, s'opposer à ces **conventions** sans valeur (l. 21), qui sont le fait d'une vie qui se nie elle-même, et assurer le triomphe de ce qui est beau et juste selon la **nature** : la puissance d'agir et de vivre selon ce qu'on désire, y compris au moyen de la violence (« si grandes soient-elles », l. 4). La tempérance de l'âme présentée comme un idéal par Socrate n'est que la paix des cimetières, car la **répression** des désirs empêche la vie de s'affirmer comme telle. Elle nie donc la nature de l'homme et le réduit à un objet inanimé (« pierres », l. 25) en prenant pour modèle la mort (« cadavres », l. 26). Selon la nature, le pire malheur qui puisse arriver à un homme serait de ne plus rien désirer (l. 23-26).

C'est pour cette raison que Calliclès conteste la définition du **bonheur** présentée par Socrate, de même qu'il rejette sa conception de la **vertu** (l. 17-22). Calliclès exhorte ainsi Socrate à se reconnaître de la même veine que lui, et à renoncer à ses balivernes (« paroles en l'air », l. 22) pour admettre que lui-même, par la philosophie, ne recherche rien moins que la domination sur les autres.

Dans ce texte, Platon condamne implicitement Calliclès tout en le laissant déployer son discours : comme Socrate l'a déjà montré, celui qui désire **manque** toujours de quelque chose (texte 1) : il éprouve une douleur et ne peut donc être heureux. D'autre part, Calliclès demande l'absence de limites, « l'impunité » comme gage de vertu (l. 19). Mais il est clair que l'idée même de vertu se trouve ruinée par ces propos : l'homme qui fait un tel choix de vie se met en **contradiction** avec la loi qu'il reconnaît pourtant.

TEXTE 21

La formation du surmoi

S. FREUD (1856-1939)

Freud réfute ici l'idée de l'extériorité de la loi par rapport au désir, en montrant que la conscience morale est elle-même le produit du désir. En termes psychanalytiques, et contre le moralisme qui condamne le désir, il faut faire apparaître que le surmoi se constitue comme héritier du complexe d'Œdipe en dérivant de la libido* du ça*.*

Aussi longtemps que nous avions à nous consacrer à l'étude du refoulé dans la vie psychique, nous n'éprouvions pas le besoin de partager l'anxiété de ceux qui se préoccupaient de savoir où nous avions laissé ce qu'il y a de supérieur en l'homme. Maintenant que nous nous risquons à l'analyse du moi, nous pouvons répondre à tous ceux qui, ébranlés dans leur conscience éthique, se sont récriés qu'il doit pourtant y avoir dans l'homme un être supérieur : certainement, et voici cet être supérieur, l'idéal du moi ou surmoi, la représentance de notre relation aux parents. Petits enfants, nous avons connu, admiré, redouté ces êtres supérieurs, plus tard, nous les avons pris en nous-mêmes.

L'idéal du moi est donc l'héritier du complexe d'Œdipe et, de ce fait, l'expression des plus puissantes motions et des plus importants destins de la libido du ça. Par son édification, le moi a assuré son emprise sur le complexe d'Œdipe et, en même temps, il s'est lui-même soumis au ça. Tandis que le moi est essentiellement représentant du monde extérieur, de la réalité, le surmoi se pose en face de lui comme mandataire du monde intérieur, du ça. Les conflits entre le moi et l'idéal refléteront en dernière analyse, nous sommes maintenant prêts à l'admettre, l'opposition entre réel et psychique, monde extérieur et monde intérieur.

SIGMUND FREUD, *Le Moi et le Ça* (1923), Éd. Payot, coll. « Petite Bibliothèque », trad. J. Laplanche, 1981, pp. 248-249.

POUR MIEUX COMPRENDRE LE TEXTE

Freud dégage ici une genèse psychique de la **loi** à partir de la considération des désirs infantiles inconscients. Il répond par là à la protestation sincère de ceux qui veulent rappeler la présence de sentiments élevés en l'homme pour réfuter la psychanalyse qui fait tout dériver d'une théorie des pulsions (l. 1-12).

En fait, il y a bien des sentiments élevés en l'homme, et d'une manière générale une aptitude à la culture, mais la manière dont ils se forment dans le psychisme montre qu'ils dérivent eux-mêmes des désirs inconscients auxquels ils s'opposent (l. 13-17). Le **surmoi*** est « l'héritier du complexe d'Œdipe » (l. 13) car il se constitue par intériorisation des exigences et des interdits parentaux sur la base des pulsions du ça*.

Cette intériorisation procède selon le remplacement d'un investissement d'objet (amour pour la mère) par une identification au père (désir d'être le père). Le père est donc à la fois l'obstacle sur le chemin de la mère et le modèle à imiter. La seconde identification procède de l'**angoisse de castration**. Celle-ci correspond au châtiment que l'enfant redoute de la part du père pour avoir désiré sa mère. La castration redoutée entraîne une identification à la mère.

Ainsi, le surmoi* (la loi) se forme au moment où décline le **complexe d'Œdipe**, c'est-à-dire où l'enfant refoule dans l'inconscient son désir d'inceste, et trouve des satisfactions substitutives dans le désir d'identification aux parents.

Autrement dit, la conscience morale n'est qu'un moment dans l'histoire du désir, elle dérive des pulsions du ça*. Les conflits que le moi* doit gérer entre réalité, surmoi* et ça* (texte 9) reflètent donc en définitive un conflit plus simple (l. 17-22) : celui entre le **monde extérieur** (la réalité et le moi qui la représente dans l'esprit), et le **monde intérieur** des pulsions (le ça* et le surmoi* qui en dérive).

TEXTE 22 Désir et raison pratique

E. KANT (1724-1804)

Kant oppose le déterminisme des plaisirs, représenté ici par Épicure, et la morale de la raison qu'il veut faire prévaloir. Le désir n'est pas immoral, mais aucun mobile sensible ne saurait entrer dans le principe de l'action morale. Celle-ci se fonde sur le seul motif rationnel, sans aucune considération de l'agréable ou du désagréable qui pourrait se présenter à la faculté de désirer. En termes kantiens, il faut donc enlever toute « matière » (tout contenu) à la faculté de désirer pour ne s'attacher qu'à la forme » de l'action (sa conformité à la loi).

Si, avec Épicure, nous ne retenons dans la vertu, comme détermination de la volonté, que le simple plaisir qu'elle promet, nous ne pouvons ensuite lui reprocher de considérer ce plaisir comme tout à fait de même nature que les plaisirs des sens les plus grossiers ; car il n'y a aucune raison de le blâmer d'avoir attribué uniquement aux sens corporels les représentations par lesquelles ce sentiment serait excité en nous. Il a recherché la source de beaucoup d'entre elles, autant qu'on peut le conjecturer, aussi bien dans l'usage de la faculté supérieure de connaître ; mais cela ne l'empêchait pas et ne pouvait pas non plus l'empêcher de considérer, une fois ce principe posé, même le plaisir que nous procurent ces représentations assurément intellectuelles, et par lequel seul elles peuvent être des principes déterminants de la volonté, comme étant tout à fait de même nature que les autres plaisirs. Être conséquent est l'obligation principale d'un philosophe, et c'est ce que l'on rencontre le moins souvent. [...] Le principe du bonheur personnel, quelque grand usage qu'on y fasse également de l'entendement et de la raison, ne comprendrait cependant en soi, pour la volonté, aucun principe déterminant que ceux qui sont conformes à la faculté de désirer *inférieure* ; et alors, ou bien il n'existe pas de faculté de désirer supérieure, ou bien la *raison pure* doit être pratique par elle seule, c'est-à-dire que, sans présupposition d'un sentiment quelconque, donc sans représentation de l'agréable ou du désagréable comme de la matière de la faculté de désirer, qui d'ailleurs est toujours une condition empirique des principes, elle doit pouvoir déterminer la volonté par la seule forme de la règle pratique. C'est alors seulement que la raison, et uniquement en tant qu'elle détermine par elle-même la volonté (qu'elle n'est pas au service des inclinations) est une véritable faculté de désirer *supérieure*, à laquelle est subordonnée celle qui est pathologiquement déterminable, et qu'elle est réellement, *spécifiquement* même, distincte de cette dernière ; de sorte que, si les impulsions de celle-ci se mêlent à elle le moins du monde, ce mélange porte atteinte à sa force et à sa supériorité, de même que le moindre facteur d'ordre empirique introduit comme condition d'une démonstration mathématique, en diminue et en anéantit la dignité et la vigueur. Dans une loi pratique, la raison détermine la volonté immédiatement, non par l'entremise d'un sentiment de plaisir ou de peine, fût-il suscité par cette loi ; et c'est seulement parce qu'elle peut être pratique comme raison pure qu'il lui devient possible d'être législatrice.

EMMANUEL KANT, *Critique de la raison pratique* (1788), Éd. Gallimard, coll. « Folio », trad. L. Ferry & H. Wismann, 1985, pp. 44-45.

POUR MIEUX COMPRENDRE LE TEXTE

Il faut rendre hommage à Épicure, qui a fait du **plaisir** sensible le signe de la vertu, d'avoir été « conséquent » (l. 15). Puisqu'il considère que le désir se confond avec la volonté et qu'il n'y a pas d'autre moyen de faire quelque chose que de suivre nos inclinations, il a raison de faire de la **sensibilité** l'origine de la **morale** (l. 1-16). Les philosophes inconséquents sont ceux qui affirment, pour sauver la morale des incertitudes du sensible, qu'il existe des désirs supérieurs, intellectuels, et qu'en les suivant nous accéderions à la vertu.

Mais en réalité, si Épicure a tort, ce n'est pas d'avoir affirmé que tous les désirs sont sensibles, mais d'avoir cru que le désir (c'est-à-dire la recherche du plaisir) pouvait définir la **vertu**. Kant pose par conséquent une alternative (l. 16-27) : ou bien il n'y a qu'une « faculté de désirer inférieure » (l. 20), déterminée par la « représentation de l'agréable et du désagréable » (l. 24), et alors il n'y a pas de vertu. Ou bien, comme l'affirme Kant, il y a une « faculté de désirer supérieure », qui détermine la **volonté** indépendamment de ce qui nous est agréable, et alors la raison est « pratique par elle seule », c'est-à-dire qu'elle détermine la volonté par la **loi morale** seule (« par la seule forme de la règle pratique », l. 27).

Or, la vertu n'est pas la quête d'un plaisir même « raffiné », mais bien cette seule obéissance à la loi de la **raison** (l. 27-41). Elle n'a donc rien à voir avec la sensibilité qui nous porte toujours vers des objets matériels, puisqu'elle est seulement une **forme**. C'est pour cette raison qu'il y a une « véritable faculté de désirer supérieure » (l. 30). Mais pour rester telle, aucune **matière** ne doit entrer dans cette faculté (« ce mélange porte atteinte à sa force et à sa supériorité », l. 34) : le plaisir et la peine, et les sentiments en général étant étrangers à la morale, ce n'est qu'en concurrence avec la loi qu'ils peuvent entrer dans nos considérations.

Cette forme de la volonté pure est ce que Kant appelle « l'impératif catégorique », qui consiste à **universaliser** nos actions (à les penser comme valables pour tous). Ce qui fait l'originalité de Kant, c'est d'affirmer que la raison est capable de déterminer l'action humaine indépendamment des désirs. La raison est donc pratique par elle-même, elle suffit à orienter notre conduite et définit la vraie **liberté**. L'universalité de la loi ne serait pas possible si la représentation du plaisir intervenait, car les désirs sont toujours particuliers : c'est donc seulement parce que la raison est pratique par elle-même qu'elle est en mesure de poser une loi universelle (« il lui devient possible d'être législatrice », l. 41).

PREMIER SUJET

Y a-t-il une limite au désir ?

• ***Problématique :***

Le désir semble s'apparenter à la démesure tant dans l'expérience que nous en faisons que dans les actions potentiellement immorales auxquelles il nous porte. La réflexion doit s'attacher à décrire cette expérience du désir : dans un cas, selon l'idée traditionnelle, c'est l'âme qui donne au corps une mesure qui lui fait défaut ; dans l'autre cas, au contraire, le désir sera compris comme naturellement borné. Mais ce débat sur la nature du désir ne doit pas masquer l'enjeu moral et politique de la question, c'est-à-dire la problématique du règlement du désir par la loi : ce n'est ni le corps ni l'âme qu'il faut incriminer, mais la liberté qu'il faut faire prévaloir en l'homme.

• ***Sujets voisins :***

– « Le désir doit-il être éduqué ? »
– « Faut-il changer ses désirs plutôt que l'ordre du monde ? »
– « Y a-t-il une tyrannie du désir ? »

• ***Chapitres du livre concernés :***

– Introduction ;
– Chapitre 1 : texte 2 ;
– Chapitre 2 : textes 7, 8, 11 ;
– Chapitre 3 : textes 12, 13 ;
– Chapitre 4 : textes 18, 19, 22.

• ***Axes de réflexion :***

I. *Le désir est par lui-même illimité.*

Cette perspective se fonde sur une opposition radicale entre, d'une part, une instance corporelle qui nous sollicite sans cesse et d'une manière extrêmement forte, et, d'autre part, une instance spirituelle (l'âme) dont le rôle est de poser la mesure de ce que nous devons faire.

La philosophie platonicienne développe cette opposition en termes de corps et d'âme. L'âme désirante est

l'esclave d'un corps qui l'entraîne à sa démesure car celui-ci est insatiable (*texte 19*). Il y a là un danger moral et théorique, et le rôle de la philosophie est de nous détourner autant qu'il est possible du corps pour atteindre la connaissance et la tempérance (*texte 7*).
La thématique chrétienne de la chair radicalise cette opposition en voyant l'homme comme une créature misérable, malade, scindée entre le péché, c'est-à-dire la somme de ses insatiables appétits, et l'amour de son âme pour Dieu (saint Augustin, *texte 8*).
Dans les deux cas, l'âme se trouve en conflit avec des désirs corporels qu'elle doit surmonter ou régler, mais en même temps, cette instance désirante (le corps) lui échappe radicalement.

II. *Le désir est naturellement limité.*
Le désir est au contraire le mouvement qui nous indique ce qui est bon pour nous, à condition qu'il reste dans les limites que lui a assignées la nature. Dans ce cas, ce n'est pas le corps qui donne sa démesure au désir, mais bien l'âme qui a « les yeux plus grands que le ventre ».
C'est ce que montre le thème cartésien de « l'institution de la nature » (*texte 2*). Le désir est un sentiment, donc l'expression de l'union de l'âme et du corps, établie par Dieu pour notre conservation. Si certains désirs sont dangereux, c'est seulement parce que l'âme imagine certains biens plus grands qu'ils ne sont en réalité. C'est donc l'âme seule, et sa volonté infinie, qui se fourvoient, et non le corps.
On retrouve ici la tradition épicurienne, pour qui la démesure est à imputer à l'âme et non au corps. Par nature, le désir est borné, tandis que les « désirs vains » de l'âme sont illimités (*texte 18*). Il faut donc s'en tenir aux limites naturelles du désir physique (élimination de la douleur) pour atteindre l'ataraxie*.
Le problème de cette conception qui réhabilite le corps est qu'elle risque de réduire la moralité à une économie du désir, donc à une forme de calcul. Comment concilier cette réhabilitation avec l'enseignement de l'ascétisme*, selon lequel le désir est potentiellement dangereux d'un point de vue moral ?

III. *La loi doit constituer la limite du désir.*
Il s'agit donc de montrer que l'enjeu politique et moral de la question ne se résout ni dans l'espérance en la grâce, ni dans la confiance en notre nature corporelle, mais dans l'usage de la liberté éventuellement contre nos désirs, ce qui établit la nécessité d'un règlement tout en refusant de diaboliser ou de mépriser le corps.
D'un point de vue politique, on peut rappeler que pour Hobbes, seule la loi est en mesure de donner un coup d'arrêt aux désirs insatiables des hommes (*textes 12 et 13*). Il y a une limite au désir, qui n'est pas naturelle mais établie par le souverain dans l'intérêt de tous.
Cependant, cette conception s'appuie largement sur la crainte du châtiment, donc encore sur un mobile sensible. Or, selon Kant, c'est précisément la priorité donnée au « mobile pathologique » sur le « motif rationnel » qui fait du désir un danger moral (*texte 22*). La limite à faire valoir contre le désir ne doit pas être « la peur du gendarme », c'est-à-dire encore un autre mobile : elle doit être la loi morale, qui est le fait de la liberté entendue comme autonomie* (*texte 11*), c'est-à-dire comme faculté de se donner à soi-même sa loi. Le désir, qui n'est pas naturellement borné, doit donc, sans faire l'objet d'une diabolisation, être limité par l'usage de la liberté lorsqu'il se trouve être contraire à la moralité. Car par la raison pratique qui est universelle, nous nous donnons nous-mêmes la loi morale : ne pas y répondre, c'est nier sa propre liberté et devenir l'esclave de ses passions.

DEUXIEME SUJET

Sommes-nous responsables de nos désirs ?

• ***Problématique :***
Dans l'expérience que nous avons de nos désirs, nous croyons tellement les subir que nous ne nous en sentons pas toujours responsables, surtout au plus fort de leur domination. Aussi le problème de notre responsabilité se pose-t-il, notamment lorsque nous sommes amenés par nos désirs à commettre des actions répréhensibles. Cette éventuelle absence de responsabilité tiendrait à l'obscurité

du sujet à lui-même, qui ne se connaît pas et qui ne connaît pas l'influence des causes extérieures sur lui. Mais si le désir est motivé, s'il est de l'ordre du fait, son accomplissement relève toujours, lui, de notre responsabilité éthique.

• ***Sujets voisins :***
– « D'où nous viennent nos désirs ? »
– « Celui qui désire est-il un possédé ? »
– « Suis-je véritablement le sujet de mon désir ? »

• ***Chapitres du livre concernés :***
– Introduction ;
– Chapitre 1 : textes 3, 6 ;
– Chapitre 2 : textes 7, 8, 9, 10, 11 ;
– Chapitre 3 : textes 14, 16, 17 ;
– Chapitre 4 : textes 19, 21, 22.

• ***Axes de réflexion :***

I. *Le désir est l'épreuve du sujet obscur à lui-même.*
Le désir vient au sujet d'une manière que celui-ci ne maîtrise pas : il n'est donc pas responsable de certains mouvements qu'il tend à accomplir, soit en vertu de son histoire, soit en vertu de sa nature même d'être humain.
Freud expose ainsi la manière dont tout désir dépend en définitive de nos expériences passées, qui ont façonné notre libido* en particulier au cours d'une histoire infantile qui nous détermine encore à l'âge adulte (*texte 9*), jusque dans nos désirs les plus élevés moralement (*texte 21*). Le rêve est peut-être l'exemple qui montre le mieux que nous ne sommes pas responsables de nos désirs, car ceux-ci ne se forment pas à un niveau conscient du psychisme, mais dans le ça*, réservoir des pulsions (*texte 3*). Nous désirons sans savoir pourquoi et surtout sans le vouloir, nous n'en sommes donc pas responsables.
On peut radicaliser cette obscurité à soi-même en invoquant, dans une tout autre perspective, les traditions platonicienne et chrétienne. Le désir est une sorte de trouble, voire une maladie que le corps inflige à l'âme, et dont elle ne peut se défaire que par la philosophie (Platon, *textes 7 et 19*) ou par le recours à la grâce divine (saint Augustin, *texte 8*).

Nous ne sommes donc pas responsables de nos désirs, mais il peut alors sembler paradoxal que les dernières perspectives évoquées, contrairement à la psychanalyse, n'échappent pas à un moralisme éthique qui condamne plus ou moins clairement le sujet pour ses désirs.

II. *Le désir est l'action de causes extérieures sur nous.*
Il faudrait alors, pour être conséquent, dire que nous ne sommes pas responsables de nos désirs, parce qu'ils sont le résultat de causes extérieures qui agissent sur nous sans que nous en ayons conscience.
C'est ce que montre Marcuse, qui prolonge la réflexion de Freud par une analyse des moyens que met en œuvre la société pour réprimer le désir sexuel et inculquer d'autres formes de désirs afin que les forces des individus convergent vers le travail (*texte 10*). Il s'agit là, par une surrépression*, d'imposer le principe de rendement contre le principe de plaisir*. Les individus ne sont donc pas responsables de leurs désirs car ils vivent dans l'aliénation*.
René Girard montre que cette structure sociale se retrouve au niveau individuel dans la nature mimétique du désir : nos désirs ne viennent pas tant d'un mouvement personnel vers un objet que de l'imitation d'un rival qui nous indique ce qu'il faut désirer (*texte 6*).
Pour Spinoza, le « désir aveugle » est également la servitude aux causes extérieures (*textes 14 et 16*). La condition naturelle des hommes est de ne pas être responsables de leurs désirs, mais leur tâche est de le devenir par l'usage de la raison.
Le thème de la libération reste donc malgré tout présent, ce qui signifie bien que si certains désirs nous sont imposés, nous gardons toujours la possibilité – et dès lors la responsabilité – de nous en arracher pour devenir libres.

III. *Être libre, c'est être responsable de ses désirs.*
Il faut non seulement faire apparaître ce processus de libération, mais aussi et surtout envisager le problème d'un point de vue moral pour analyser la notion de « responsabilité ».
Spinoza montre que ce processus de libération n'est autre que le développement de la connaissance, c'est-à-dire l'action de la raison par laquelle nous agissons conformément à notre nature et augmentons ainsi notre puissance

d'agir (*texte 14*). Le sage est celui qui est entièrement responsable de ses désirs au sens où tous découlent nécessairement de sa propre essence, et non plus des causes extérieures.
Mais s'il faut rendre nos désirs conformes à la raison, c'est parce que, montre Kant, seul le libre arbitre décide de satisfaire ou non un désir (*texte 11*). Le désir est donc de l'ordre du fait, nous n'en sommes pas responsables car il est la simple expression de la nature en nous. Mais son accomplissement est du ressort de notre responsabilité, donc de notre liberté sans laquelle elle n'a aucun sens (*texte 22*).
Connaissant cela, on peut néanmoins, avec Kant, penser (sur le mode du « comme si ») un « plan caché de la nature » par lequel l'homme est amené à instaurer le droit : tout se passe en effet « comme si » le caractère égoïste des hommes et leurs désirs insatiables, combinés à la nécessité pour eux de vivre en société (« l'insociable sociabilité »), était là pour les forcer à progresser vers le règne du droit (*texte 17*). Ce qui confirme que le désir est bien un fait de nature dont nous ne sommes pas responsables, mais que nous sommes à l'inverse entièrement responsables de ce nous en faisons.

GLOSSAIRE

Aliénation
L'aliénation est, au sens premier, un terme juridique qui désigne la cession d'un bien à une autre personne. Dans un sens proprement philosophique, c'est l'état d'asservissement et de frustration dans lequel se trouve un individu dépossédé du sens de sa vie au profit d'un travail dans lequel il ne se reconnaît pas (*texte 10*). L'aliénation, thématisée par le marxisme, est de nature économique et sociale : dans le système capitaliste, le prolétaire n'ayant pas d'autre bien que sa force de travail, son labeur et le fruit de son labeur tombent sous la domination d'autrui. Religion, politique et morale ne sont que des répétitions de cette aliénation fondamentale, qui ne saurait disparaître, de ce point de vue, que par la suppression de l'économie capitaliste.

Ascèse, ascétisme
L'« ascèse » (du grec *askésis*) est une discipline de vie consistant à renoncer aux plaisirs sensibles et à renforcer la maîtrise de soi par la volonté. L'« ascétisme » désigne l'ensemble des pratiques qui relèvent de l'ascèse et, par extension, les doctrines morales ou religieuses qui recommandent cette discipline en vue d'un perfectionnement spirituel (*textes 7 et 8*).

Ataraxie
L'ataraxie (du grec *ataraxia*) se définit par l'absence de troubles, c'est-à-dire par la quiétude absolue de l'âme qui est au principe du bonheur dans la tradition épicurienne et stoïcienne (*texte 18*).

Autonomie
Condition d'un individu ou d'un groupe qui détermine lui-même la loi à laquelle il obéit. L'autonomie désigne la véritable liberté par opposition à l'indépendance, « car l'impulsion du seul appétit est esclavage, et l'obéissance à la loi qu'on s'est prescrite est liberté » (Rousseau, *Du contrat*

social, I, 8). Ce concept est utilisé dans la philosophie kantienne pour caractériser le principe de la véritable moralité, où la volonté se règle sur la « forme » de la loi morale indépendamment de la « matière » des déterminations affectives ou sociales (*textes 11 et 22*).

Conatus
Ce terme latin désigne la notion d'« effort », de « tendance ». Hobbes (*textes 12 et 13*) voit dans cet effort, cette poussée vers un objet, un commencement de mouvement intérieur au corps, imperceptible mais réel, et qui amorce le mouvement que nous effectuons volontairement vers une chose. Chez Spinoza (*texte 14*), le conatus est élevé au rang d'un effort général pour « persévérer dans l'être », effort qui prend la forme de l'appétit ou du désir (lorsqu'il est accompagné de conscience) et qui définit l'essence (la nature véritable) de toute chose.

Immanence, transcendance
L'« immanence » est le caractère de ce qui est intérieur à la nature d'un être ou d'un objet de pensée. Elle s'oppose en ce sens à la « transcendance », qui désigne le caractère de tout ce qui a une nature absolument supérieure aux autres ou qui est d'un ordre radicalement différent. Ces termes sont utilisés pour désigner, par l'immanence, la présence en l'homme même de sa propre finalité morale, par opposition à la transcendance de la loi qui lui serait extérieure et supérieure (*texte 15*).

Libido
Le terme signifie en latin « envie », « désir », où il se trouve fortement connoté sexuellement. La tradition chrétienne le reprend pour désigner « tout ce qui au monde est concupiscence de la chair ou concupiscence des yeux ou orgueil de la vie » (Pascal, *Pensées*, 458-545) : le désir des sens, celui de connaissance et celui de domination. Dans son sens freudien, le terme est plus technique que moralisant : il s'agit d'une énergie pulsionnelle globale, plus précisément de la force par laquelle se manifeste l'instinct sexuel, postulée par Freud comme substrat des diverses manifestations que peut prendre le désir (*textes 3 et 9*).

Moi, ça, surmoi
Chez Freud, le « moi » est l'instance consciente du psychisme, celle qui doit faire la liaison entre les exigences de la réalité, les revendications du ça et les impératifs du surmoi. Le « ça » est le pôle pulsionnel de la personnalité, il constitue le principal réservoir de nos désirs inconscients. Il entre donc en conflit avec le « surmoi », ou idéal du moi, dont le rôle est assimilable à celui d'un censeur à l'égard des pulsions. Ce dernier est l'héritier du complexe d'Œdipe puisqu'il naît de l'intériorisation des exigences et des interdits parentaux. Le processus de cette intériorisation montre qu'il est lui-même une élaboration d'une partie du ça (*texte 21*).

Principe de plaisir, principe de réalité
Dans le vocabulaire de la psychanalyse, ce sont les deux principes régissant le fonctionnement mental. Le « principe de plaisir » correspond à l'idée que l'ensemble de l'activité psychique a pour but d'éviter la douleur et de procurer le plaisir par la satisfaction. Le « principe de réalité » vient régler le principe de plaisir : la recherche de la satisfaction ne s'effectue plus par les voies les plus courtes, mais elle emprunte des détours et ajourne son résultat en fonction des conditions imposées par le monde extérieur.

Surrépression
Pour Marcuse (*texte 10*), dans la mesure où le principe de plaisir, au sein de la société capitaliste, doit s'effacer totalement devant le principe de rendement, c'est-à-dire des exigences de la rentabilité économique, même le temps libre doit être « enrégimenté » et finalement contrôlé par l'autorité de la même façon que le temps de travail : c'est ce que désigne le terme de *surrépression*. Les conditions sociales doivent donc être intériorisées par les individus, faute de quoi la répression « ordinaire » du principe de plaisir* ne leur paraîtrait pas supportable.

Imprimé en France par Pollina, 85400 Luçon - n° 78972-A
Dépôt légal : 11190 — 11/99